ここだけのごあいさつ

三島邦弘

0

本書をお読みの皆さまへ

こんにちは。ミシマ社の三島邦弘です。

はじめまして。の方も多いと思います。どうぞ、よろしくお願いいたします。

ふつう、あいさつはこの程度で終わりますよね。

「あいさつはこのへんにして、本題へ入ります」

商談の場や、ドラマの一シーンなんかで、こうしたセリフを耳にすることは少なくないでしょう。あいさつはあくまでも形式。話すべきことは、あいさつとは切り分け、あらためて話す。こういう使い分けを、私たちはしばしばおこなっています。

けれど、古代ギリシャのアテネで交わされた対話は、出会い頭に起こっているように思えます。たとえば、プラトン『メノン』の一行目は次のように始まります。

メノン　ソクラテス、あなたにおたずねします。お答えください。徳《アレテー》は教えられるものでしょうか？

（『メノン――徳《アレテー》について』光文社古典新訳文庫）

単刀直入とはかくありき。その見本のような発話ですね。

日本でも、辻説法をする僧侶や町かどで辻講釈をする芸能人《びと》がいました。それは、道行く人にあいさつをするかのようになされていたと想像します。

現代だって、実は似たことが起きています。たとえば、Twitter。そこでは、いわゆる「あいさつ」も抜きに、いきなり自説を唱えだす人たちがいます。まあ、その意味では、Twitterなどはあいさつというより、あいさつ抜きのメディアと言えるかもしれません。

この本は、その逆で、ながい、とても長いあいさつのつもりで筆をとりました。

不特定多数の方へ向けて、ではありません。たまたま通りがかった方々へ、きっとそれも何かのご縁と思い、古人によるあいさつのような感覚で臨みました。もちろん、説法ではありません。ただ、あまり世間一般では語られない、けれどどこのかぎられた場にいる皆さんだけにはぜひお伝えしたいという思いはあります。

とりわけ、ちいさな組織や会社がこれからどうなっていくか。その問いを胸に抱えている方々に少しでも響けばと願ってやみません。

ちょっと長いですが、私からのごあいさつ、お付き合いいただければ幸いです。

著者

目次

1

「おもしろい」を
つづけるために

習慣が自分の常識をつくる

コロナ前とコロナ後。この二つの単語のあいだには、大きな断絶がある。少なくとも私たち人間の世界においては――。

二〇二〇年の春を境に、私たちの生活習慣が大きく変わりました。とてもわかりやすい変化は、外を歩けば、マスクだらけになったこと。四年前までは、インフルエンザ流行期や花粉症の時期などの一定期間を除けば、外出時に常時マスクを着けることなどありませんでした。花粉症の一番ひどい時期でさえ着用率はせいぜい三、四割くらいだったのではないでしょうか。ところが、コロナ発生から三年が経とうとする今（二〇二三年一月時点）でも、マスクをしていない人を見つけるほうがむずかしい。

マスクだけではありません。小学校では、黙食がおこなわれ、運動会などの行事は学年別、全校生徒が一斉に集まらないかたちが採《と》られています。会社では、在宅勤務という選択肢が「ふつう」になり、リモート打ち合わせは職種に関係なく当たり前になりました。ある知人の会社では、一人ひとりパーテーションで仕切られた机に座り、同じ空間にいながらオンラインで会議をするそうです。すぐ隣にいる人の顔を画面越しに見て、隣から漏れ聞こえてくる声をわざわざイヤフォンで聴く。もはや、感染対策だかなんだかよくわかりません。かように、学校、職場をはじめあらゆる場面において、私たちの行動は制限され、行動様式そのものがちがうものになった。つまりは、日々の習慣が変わるまでに至ったわけです。

習慣が変わる。私たちの日常の営みにおいてこれほど大きな変化はないでしょう。なぜなら、私たちが「常識」と思いこんでいるほとんどは、自身の習慣によって醸成されているのですから。

介護施設「宅老所よりあい」代表の村瀬《むらせ》孝生《たかお》さんの描くエピソードには、習慣の力がはっきり現れています（伊藤亜紗との共著『ぼけと利他』）。ある日、「認知症が治る」と聞いて施設に妻を通わせていたが、治らないので「利用を止めます」と夫から電話がかかってきた。翌朝、施設の人たちが相談のためお家へ行くと、夫は「お～い、迎えが来たぞ！」と妻を送り出そうとしたそうです。「利用を止めたいという考えとは裏腹に、うっかり妻を送り出す」「夫は習慣に乗っ取られているようでした」と村瀬さんは綴《つづ》ります。

習慣が思考や行動をうみ、常識という枠に自らを収めていく——。

おもしろいが脅かされている？

私たちの会社も、誤解を恐れずに言えば、コロナを機に別会社といっていいほどに変わりました。現時点で十六年半会社を運営してきた身としてはっきり実感しています。そして、重要なことは、ものすごくいいほうへ変化できた、そう思えている点です。

が、コロナ発生から三年経つこのタイミングで、もう一度、大変化を遂げなければいけない。そう思っています。これは、私の直感ですが、おそらく間違いありません。

背景には危機感があります。危機感がなければそもそも変化の必要性を感じないですから。

ではその危機感は何かというと、「おもしろい」が脅かされている。「おもしろい」をかたちにし、届ける。これは、私たちの仕事の核、生命線です。自分たちのばあい、この、「おもしろい」の環境がどんどんきびしいほうへ向かっている気がしてなりません。おそらく私たちにかぎらず、さまざまな場で自分たちの生命線を脅かすような事態が進んでいるのではないでしょうか。

こう感じたある日、かっこうのテキストが手元にあることに気づきました。

それは、私が二〇一八年から五年間、毎月、ミシマ社サポーターにだけ向けて書いてきた文章です。非公開を前提に書かれたことばたちです。これを通読してみて、自分でも驚きました。喜び、痛み、失敗、楽しさ、はもとより、どうでもいいことまでが、自分たちのことをよく知る数百人の人たちしか読まないのをいいことに、あまりに素直に綴られている。ふつう、社内で起きたミスをわざわざ開示したりしませんよね……。

プラスにとらえれば、コロナ前の二年間とその後の三年間で起きた変化をありありと感じることができる。そのときどきの悩みもしっかり詰まっている。のみならず、赤裸々さの質感が変化していく様までよくわかる。

無我夢中だった変化の真っ最中に出てきたことばが、ここに書き留められていたわけです。数百名のサポーターの方々だけに読まれることを前提にしていたからこそそのことばの密度と思考の素直さを感じました（まるで他人が書いたような言い方ですが）。

大きな変化の必要性を切実に感じている現在、そのテキストをふりかえらない手はない。先に述べたように、習慣が変わること以上の変化はない。とすれば、今必要と感じている大きな変化には、習慣の変化が伴う必要がある。

コロナのタイミングで起きた自社の変化は、どこがどううまくいったのか？　逆に、もっといいほうに向かえたはずだったものを何が妨げたのか？　そして現在に至るまで、どういう問題が未解決のまま残っているのか？　そうしたふりかえりをしてから次の変化に臨みたい。

ふりかえりつつ、反省しつつ、変わる。今回、創業十七年目にして初めて、その過程を経た上で、変化へと向かっていけそうな気がしているのです。裏を返せば、これまでは五里霧中《ごりむちゅう》、走りつづけるなかで変わるしかなかった。たまたま結果として変わることがあった。そういう変化を繰り返してきました。望んで変わったというより、もがいた先になんとかかんとか危機を脱出してきた。ただただ幸運であったと言えます。

それが、今回は、早めに危機を察知し、変化へ向けて動こうとしている。

それ自体が自社にとってものすごく大きな変化と言えます。それがどうして可能になったのか？

そのあたりを語るためにも、これまで会社をどう運営してきたか、をときほぐしていきたく思います。

本屋さんに直接支えられながら

二〇〇六年創業のミシマ社は、東京・自由が丘で産声《うぶごえ》をあげました。私が単身起こした会社ですが、二年目には営業メンバーが二人加わります。そして、書店との「直取引」をおこないます。業界の通例であった取次《とりつぎ》（出版社の本を全国の書店へ配本する卸業）を介さず、自社から全国の本屋さんへ直接営業をし、注文を受ける。受注した書籍を満数出荷する。そういうスタイルの「直取引」を始めます。

「満数」とわざわざ書いたのには理由があります。本屋さんが「一〇冊仕入れたいです」と注文しても、希望数が必ずしも入るわけではない。坪数の少ない書店やいわゆる地方にある書店では、取次による「減数」出荷は当たり前にあったようです。広島県庄原《しょうばら》市にあるウィー東城《とうじょう》店の代表であり、個人的に「同志」と慕《した》っている佐藤さんは、自著でこう書いています。

ウィー東城店のような小さな店には、毎回、こちらがほしいぶんのベストセラーが入ってこない。
ほんとうは三〇冊ぐらいほしいのに、ウィー東城店に届くのはたったの五冊とか三冊。ひどいと一冊。
（佐藤友則・島田潤一郎『本屋で待つ』夏葉社、二〇二二年）

これはなにも、過疎地域の書店だから起こっていることではありません。東京・表参道の角地にある老舗、山陽堂書店の店長・遠山秀子さんからは、ミシマ社が創業して数年経ったころ、佐藤さんとまったく同じ話を聞きました。そのお話につづけて、「だから、ミシマ社さんはありがたいの。希望数を届けてくれるでしょ」といってくださったのが忘れられません。

注文した部数がその数通りに届く。これを満数出荷というわけです。当たり前に聞こえるでしょうが、この「当たり前」がそうでない。この一点だけでも、出版業界が自他ともに「不況」と言いがちな情況の一端が垣間見えます。

さてミシマ社は、二〇〇七年六月に書店直取引による出版活動を開始します。まずは全国の本屋さんに案内の手紙やＦＡＸを送りました。そのとき注文とともにお電話をくださった一軒の書店さんがありました。それが、北海道・札幌市にあるくすみ書房の久住邦晴さんでした。その後、といってもそれから五年ほど経ったタイミングで初めて北海道出張に行くことができた際、久住さんは、目をキラキラと輝かせて、「ミシマさん！」と訪問を喜んでくださった。そして、こんなことばをかけてくれたのでした。

「ミシマさんから直取引の案内が来たとき、こういう出版社が出てきたのかと、ものすごくうれしかったんですよ」

同じようなことを、各地をまわるようになってから耳にしました。鳥取県の定有堂書店・奈良敏行さん、福岡県のブックスキューブリック・大井実店長や静岡県の戸田書店さん、鳥取県米子《よなご》市の今井書店さん、などなど挙げ出したらキリがありません。蛇足《だそく》ですが、久住さんとはその後、何度もお会いしては互いに励ましあう間柄になります。久住さんはいったん本屋さんをたたみ、新たな本屋像を構想されていた途中、惜しくも他界されます。その御遺稿を懇意にされていた中島岳志さん経由で授かり、『奇跡の本屋をつくりたい』を一周忌にあたる二〇一八年夏に刊行できました。創業からのご恩に対して私ができる最大限のお返しのつもりで編集しました。

久住さんにかぎらず、お世話になった書店員さんの何人かがこの間、鬼籍《きせき》に入られた。こうした方々の意思を自分なりに継いでいこうという思いが、日々を支えています。

　ともあれ、当時は、自分たちがやろうとしていることが書店員さんたちに支持してもらえるなんて思いも寄りませんでした。目の前のことに必死。明日存続している保証なんて何もない会社をなんとか維持しようともがいていた。ただそれだけでした。

　そうした日々にあって、私のうちからあふれ出たことばのいくつかが、思いがけないところで生きていた。そのことをつい先ごろ、同世代の出版人と話す機会があり、そこで知りました。

「十七年前にミシマさんが出版社として読者に語りかけた。それまでは作家さんがそうすることはあったと思いますが、出版社でおこなったのは初めてだったと思うんですよ」

　この発言を、驚きをもって聞きました。自分ではまったく意識していないことだったからです。急に褒《ほ》めてもらったようなこそばゆさを感じつつ、そう言えば、と思い出したことがありました。

たしかに私は、創業期の一人出版社だったころから、「ちいさな総合出版社」「原点回帰の出版社」を謳《うた》っていました。その具体的な中身としては、私が子どものころ、読みたい本が「絶版」と言われて手に入らなかった思い出を綴り、だから「絶版本はつくりません」と宣言したり。熱量を落とさずに、つくり手の思いをまっすぐ届ける、それが私の考える原点回帰です、と言ってみたり。自分たちはこういう出版社です、こういうことをめざします、と読者の皆さんへ語ったりしたのでした。

こうした私の叫びの欠片《かけら》が、敬愛する本屋さんや出版人の方々に響いていたのだと思うと、望外の喜びというほかありません。

もっとも。

発言のいくつかのなかには反省もあります。そこで発したことばが引きがねとなり、今に至る社内の問題を生むことになった。

最近、そのことにようやく気づきました。

たとえば「自由が丘のほがらかな出版社」。創業間もないころから言い出したのですが、社員が増えていくなかで、「ほがらか」のもつことばの朗らかさに惑《まど》わされたのか、それを隠れ蓑《みの》にしたのか、仕事をする一人の人間として身につけておきたいこと（信頼関係を丁寧に築いていくためのあれこれなど）が放置されてしまった。そんな思いが拭《ぬぐ》えないのも事実です。

私の傾向

いったい私は、「原点回帰」や「ほがらか」ということばに、どういう思いを託そうとしていたのでしょう？

と自らに問い、十七年目の現時点からふりかえってみました。すると、最初から自分でもわかって使っていたわけではない、そのことに今さらながら気づきます。

少しずつですが、この歳になってやっと、自身の傾向、思考と行動のパターンを摑《つか》めてきた感があります。

その傾向とはこんな感じです。

最初に、こっちだ！　と直感する。その直感のさすことばを見つけ出す。あるいは、直感と同時に、ことばを摑む。そうして摑んだことばを、大きな池に投げる。ぽちゃ。同心円上に広がる輪模様。その広がりを見つつ、ゆっくり沈んでいくことばの動きを感じる。ことばの周りに、磁石に吸い寄せられるように、何かがくっついてくる。それは何か？　その対象に同化するように感度を高める。すると、それらは、そのことばを形成する「意味」である――ような気がしてくる。

そうして摑んだ「意味」の一つが、「小商い」でした。

「小商い」とは？　と話を進める前に、いま一度、前段へと戻りましょう。

なぜ私は最初の段階で「こっち」と直感したのか。いきなり「ほがらか」に至ったわけではないのです。

そう考えたときまっさきに思い出すのは、出版業界のきびしい環境のこと。私が出版社に入社したのは一九九九年四月です。ちょうど出版不況と言われ出したころでしょうか。書籍雑誌の総売上は一九九六年の約二兆六千億円をピークに、順調に（？）右肩下がりをつづけ、二〇二〇年には約一兆二千億円まで落ちます（ただし、近年はコロナ下の巣ごもり需要と電子書籍の市場の拡大で、微増）。

一方で、私が自社を立ちあげる二〇〇六年までの間、出版業界全体の新刊刊行点数は右肩上がりで登っていきます（年間約六万点が約八万点に。二〇一三年の八万二千五百点をピークに、二〇二〇年は六万八千点まで減少）。

九〇年代初期には、岩波新書、中公新書、講談社現代新書など数えるほどしかなかった新書ですが、九〇年代半ばのちくま、ＰＨＰの創刊を皮切りに、二〇〇〇年代初頭までには、光文社、文春、集英社、新潮はじめ、各社がシリーズを立ち上げます。教養新書のみならず、生活新書も次々に創刊され、一社二新書が当たり前のようになりました。

その真っ只中、私は新書編集部に配属になります。当時、その乱立する状況を指して「新書戦争」と呼ばれました。四年間の在籍中に、企画か制作のどちらかに関わった冊数は八〇冊近くになるかと思います。

その後、三年間別の出版社で単行本を編集します。そこでは、以前ほどの冊数は手掛けませんでしたが、編集者個人として会社から求められる生産額（定価×部数）の目標はありました。

こうした自身の会社員時代の経験と他社の編集者さんから聞く話をもとに結論づけると、この間、版元で働く単行本編集者としてありつづけるための最低ラインは、だいたい、次のようなもののようです。

年間生産額（本体価格×部数の合計）で一億円。または、年間の刊行点数一〇冊～一二冊。もちろん、もっともっと多い目標点数（年間二〇冊超）を標準に据《す》える出版社も少なくありません。

いずれにせよ、きょうび、会社員として単行本の編集者であることは、大変きつい。きびしい。まったく簡単ではない。

その辛さ、きびしさを出版社二社で体感し、骨の髄《ずい》まで染み込んでわかっていました。どうやったってしんどい。しかも、これからは本を編集しているだけでは許されない。営業、経営、すべてをおこなわなければいけないのだ。下り坂をどんどん転げ落ちていくような業界で。だからこそ、せめて毎日の仕事の時間はほがらかでいよう。

こうした自らの願いを込めた「ほがらかな出版社」だったわけです。

言い方をかえれば、「ほがらか」は、業界のおかれているきびしさを引き受けることなしには実現しない、それを避けていてはむずかしい。自分なりに覚悟を決めたからこそ出てきたことばでした。

小商いへの道

自由が丘のほがらかな出版社。

そう謳って始めた社業は、ひとり、また一人と社員が増えていくことになります。

増やしたい。と思ったことは一度もなく、仕事が増えていくなかで増やさないことにはまわらないという状態になりました。

誤解をしてほしくないのですが、売上が伸びたために仕事が増えたのではありません。売上なんて全然なくても、仕事はいっぱいある。そういう状態にミシマ社はずっとありました（おそらく今に至るまで）。

どういうことかというと、直取引という選択をした、と先に書きました。それはつまり、流通ルートのない状態で本をつくることを意味します。つくったところで、本屋さんにまで本が届く道があらかじめあるわけではない。道そのものをつくる。そういう仕事が、通常の出版社の仕事にプラスして日々ある。それを怠《おこた》れば、どれほどいい本をつくれど届くことはない。

農業にたとえれば、こんな感じでしょうか。畑で野菜をつくる。そこでできた野菜を全国の八百屋さんに届ける。ただし、流通網はない。野菜をつくりさえすれば、ＪＡのような大きな組織がピックアップしてくれて、あとはお任せ。とはいかず、収穫した野菜をリアカーや軽トラに載せて、自分で各地の八百屋さんへと納品する——。

もちろん、私たちのばあい、実際にトラックを運転しているわけではありません。注文を受けた本を発送する運送手段は、宅配便です。とはいえ、一店一店、一冊一冊、自社の本を案内しないかぎり受注はない。つまり、本屋さんに届き、置かれることはありません。まさに「手売り」。そこにシステムは介在しません。裏を返せば、取次を使えば、自動配本が減ったとはいえ何千という書店から注文を受けられる状態にはなる。それがミシマ社のばあい、新しい本が出るたび、紹介したい情報があるたび、直接、本屋さんに案内していくほかない。そのためには、どうしても「手」が要るわけです。文字通り、「手」を抜けば書店に自社の本が並ぶことはない。

こうした実践を「一冊入魂」と呼ぶようになりました。先に、「熱量を落とさずに、つくり手の思いをまっすぐ届ける、それが私の考える原点回帰です」と書きましたが、出版社として「原点回帰」の実践の一つが、一冊入魂であったわけです。

この非効率な実践が最終的には効率を生む。そう考えての一冊入魂でもありました。

どういうことかというと、出版業界の慣習に「委託《いたく》制度」があります。あくまでも委託なので、返品が可能。実際、業界の返品率は長らく四〇パーセントと言われています。効率的配本を先に採った結果、とても非効率な事態が起こっているのです。

このような業界特有の事情を踏まえての直取引だったわけですが、当然、楽ではない。たいへんです。ただ、たいへんと感じるのは、一見、効率的なシステムを使えないから。けどまず問うべきは、そのシステムが次世代までもつかどうか、です。次世代どころか、もうすでに限界がきているのではないか（原発も同じですね）。その「過去のシステム」にしがみつくのではなく、手も時間もかかるけど、自分たちの手で自分たちの道を開拓していこう。

そういう思いを抱きながら五、六名のメンバーの会社を運営していた二〇〇九年夏、私は平川克美さんに『小商いのすすめ』という書籍のご執筆を依頼します。

平川さんは私よりふた回り年上の一九五〇年生まれ。もともと町工場の息子として大田区で育った人で、私が生まれた年に学生でありながら起業、その後、いくつもの会社の社長をつとめます。そうした会社を次々にたたみ、現在では東京の荏原中延《えばらなかのぶ》で隣町珈琲という喫茶店を営む、洒脱《しゃだつ》な好々爺《こうこうや》といった風態です。もっとも『小商い』を依頼したときは、ビジネスの世界に身を置きつつも、そこにいることに対し嫌気がさしている時期でした（と後に聞きます）。言いかえれば、まだ小商いへとご自身の仕事の舵《かじ》を完全にはきっていない段階だった。そのため、なかなか執筆は進まなかったようです。

ところが、東日本大震災が平川さんに気づきを与えます。「『小商い』は震災からの復興のひとつのヒントになるのではないだろうかということに思い当たった」と「まえがき」に書かれています。

その長い「まえがき」では次のようなことも記されました。

ここでわたしが言っている、「問題の回答は、人の数だけ、会社の数だけ存在する」ということは、3・11の後でも、変更の必要はないと思います。ただ、問いの数は震災によって（ほとんどひとつに）絞られたと言ってもよいと思うのです。

その問いとは、わたしたちは、個人的な生活や、会社や、社会や、それらを貫く経済や、哲学について、これまでのやり方の延長でやっていけるのか、それともこれまでとは違うやり方を見出さなければならないのか

（平川克美『小商いのすすめ』ミシマ社、二〇一二年）

私はこの原稿をもらったとき、「そうだ、自分たちは『これまでとは違うやり方』を求めて、この五年動いてきたのだ」と興奮しながら読んだのをはっきり覚えています。

二拠点へ

小商いともう一つ、そのころの私が自分たちの活動の指針とした方向性があります。それが「地方」でした。

もともと自由が丘で出版社をたちあげたのも、神保町のような出版界の中心地でない場所のほうが新しいことを始めるにはいいだろうと考えたからです。東日本大震災の前あたりにはすでに、いつかは東京を離れて出版活動をしたいと思うようになっていました。

東日本大震災の直後、たまたま知人が空き家を持っていた京都府城陽《じょうよう》市に臨時オフィスを設けます。それから数週間、少し落ち着いたころにいったん東京に戻りますが、同時に、そのまま城陽にもオフィスを置くことを決めました。いつか東京以外の地で出版活動をしたいと思っていた、それが今。これほどのことが起こった機に動けなければ、「いつか」は二度と来ない。そう考えたのでした。

多くの方々がお亡くなりになり、住む場所を奪われ、大切な人や物を失われた。あまりに辛い事態を前に、当時の私は、絶望に近い無力感に苛《さいな》まれるばかりでした。それでも自分にできることは何か？　と考えずにいられませんでした。そうした問いのなかで、時計の針を戻さない、という思いを強くしました。

東京一極集中とはちがう流れを――。それを自らのミッションにしたわけです。

とりわけ震災のあとに判明した福島第一原発の事故が与えたショックは並々ならぬものがありました。そのショックは、目に見えないものによる恐怖と、東京の電力は福島に依存していたという事実を知らなかった自らの無知によって引き起こされたものでした。前者は、脱原発は絶対という解へと行き着きます。ただし、これは一個人や一会社がすぐにできることではない。後者は、都市と地方とのすさまじい格差、不均衡を是正《ぜせい》していく必要性を突きつけます。

その課題に対して、一つのちいさな会社がすぐにできることは何か？ こうした問いの一アンサーとして、自由が丘と京都の二拠点体制が始まります。

とはいえ、二拠点です。東京に拠点は置いたまま。社会的使命のようなことを述べた割に中途半端じゃないか、と思われるかもしれません。ご批判ごもっとも。実に中途半端なのです。確実に言えるのは、この中途半端さこそが自分たちの偽らざる実力であり、現実。というのは、もし、あのとき東京を引き払っていたら、会社はもたなかったにちがいありませんから。

東京・自由が丘で出版業を始め、その場所で著者、デザイナー、印刷所、校正者、書店、さまざまな方々と関係を築いてきました。そこで流れができていました。その流れを断ち切れば、ある程度の期間、収入が途絶える可能性が出てきます。それに耐えられるのはどれくらいか？ むろん、それは会社に残る金銭のストック次第。ミシマ社のばあい、当時、どれくらいならもっただろうか？ と問われれば、「一カ月」と即答していたかもしれない。それほどに、会社の貯蓄はカツカツでした。

なぜなら、先に述べたとおり、道づくり込みの事業をしているため、お金は出る一方。道づくりには手がかかる。そうしてかかる手数の分だけ、支出が増える。言ってみれば、入ってくるお金はほぼすべて人件費となって出ていっていたのです。これは十年経った今もあまり変わらないことですが。

逆説的な言い方になりますが、お金がないからこそ、パッと動けた。身軽だからこそ二拠点体制を瞬時にとれた。それもまた真実だろうと思います。

二つの現実

二拠点体制は、「二つの現実」を空間的に実現した結果なのかもしれません。

と唐突に、二つの現実と書きましたが、それは何か？

毎月末、ウェブ雑誌「みんなのミシマガジン」の「今月と来月」というコーナーでミシマ社メンバーがひとことを書いています。私も毎月書いているのですが、昨年末（二〇二二年十二月三十一日）、そこに次の文章を寄せました。

本年も誠にありがとうございました。今年は、ミシマ社より一五点、「ちいさいミシマ社」レーベルから三点の新刊が出ました。あまり計画を立てないまま会社を運営してきて、気づけば毎月一点超のペースで、充実の新刊が出るようになりました。点数を増やそうと思ったことはなく、ただ、「おもしろい」をベストのタイミングで形にする、同時に、自分たちが食べていけるだけの点数を出していかないといけない、という二つの「現実」のあいだで汗水流してきた結果です。それは、『ちゃぶ台10』の取材で周防《すおう》大島の農家・宮田さんにうかがったお話――「土の声」を聴きながら畑に合うお野菜を育てていると、収穫量は高くはならず、開墾を毎年くり返すしかなかった――とも重なり、とても大きな励みとなったのでした。来年も自然の恵みに守られますように。そう切に祈りつつ、新年を迎えます。来る年もよろしくお願い申し上げます。よいお年をお迎えくださいませ。

こうしたい、と強く願う。その「現実」。

本をつくり売る、これ以外にお金がまわる術がないという「現実」。

これが「二つの現実」です。

どちらも「現実」であり、どちらか一つの「現実」では事業はなりたたない。継続はない。一つの現実を否定して採用するもう一つの現実は、どうしても脆《ぜい》弱《じゃく》にならざるをえないでしょう。

たとえば、城陽にオフィスがあったころ、「これからは地方の時代」と一つの答えを私が唱えていたように聞こえたかもしれません。すると、これまで自分の活動を応援してくれていた人たちのなかにも、「そうは言っても」と思う人が出た可能性がある。そうは言っても、今働いているこの場所での仕事をすぐにやめられないよ、と。自分たちだって東京を完全に離れるという選択はとれなかった。にもかかわらず、他人には「地方の時代」と言う。自分を棚に上げて……。もちろん私の意図はそうではなかった。けれど、どうしても一つの現実だけ切りとるほうがわかりやすく、瞬間的には通りがよい。そのため、東京を否定した形で、一つの現実だけを支持しているように広まった感がありま す。私の意図とは別に、一つの現実だけで話が進んでしまうことがあった。そうして実体と乖離《かいり》してしまい、必然、うすっぺらく、弱いものに……。

もう、二度と、これは避けたい。

二拠点体制が二つの現実を反映した結果であるように、誰もが二つの現実の間《はざま》にいる。自分たちの出版活動は、その二つの現実に血を通わせたものでないといけない。城陽市から京都市への移転などを経て、切にその大切さを痛感するようになりました。ものすごい反省とともに、思うようになったのです。

特異なやり方ではないかたちの変化を

小商いと二拠点をベースに、二〇一一年から二〇一八年三月末までに、今ふりかえってみると自分でも驚くほど、新しいことを始めています。ざっと列挙しますと——

・二拠点体制スタート
・新卒のメンバーを採用。一八年末までに五名
・関西のオフィスを城陽市から京都市内へ移動
・ミシマ社サポーター制度を始める
・シリーズ「コーヒーと一冊」創刊
・雑誌「ちゃぶ台」創刊
・シリーズ「手売りブックス」創刊を決定

・一年遅れのミシマ社創業十周年記念パーティー

……etc.

こうした動きは、少数派のなかのさらに少数のやり方であったと今は思います。

資金的ストックをもたず、地上すれすれの低空飛行。それによって、地上の変化、微細な環境の異変を察知し、いちはやく必要な手を打つ。

変化に柔軟であるには、ぎりぎりの経営をすること。

そうしないことには、「おもしろい」は実現できない。

洗脳されたかのように、私はこう信じきっていました。

だが、ほんとうにそうか？

すこし熱を冷ましてから考えればわかることです。そのように信じきること自体、「二つの現実」にそもそも合っていません。クラフト・エヴィング商會の吉田篤弘さんのことばを借りれば、「答えはいつもふたつある」(『京都で考えた』)のですから。

「おもしろい」をちいさな組織や会社でつづけるために。

私がいま考えたいと思っているのは、そのために必要な変化はどういうものか、です。「ふたつある」もうひとつの「答え」のほうを探りたいのです。

これまでの私は、綱《つな》渡り師みたいなもの。たまたま私は綱渡り上手だったのかもしれません。けれど、それは汎用性のあるものではなかった。その自覚と反省にたたなければいけない。とようやく痛感するに至りました。

こう思うようになった過程が第2章の「ごあいさつの記録」ににじみ出ているかと思います。くわえてひとつだけ先に、私が反省するに至った理由をいえば、この十年の日本社会があまりに逆行しているように思えてならないからです。

東京五輪をめぐる談合・汚職・不正。この一例を挙げれば、十分でしょう。

平川さんは、東日本大地震で問いはひとつになったと提示されました。これまでのやり方か、それともこれまでと違うやり方か、と。残念ながら、新聞やテレビを賑《にぎ》やかすニュースを見るかぎりでは、その問いへの回答は、「これまでのやり方」に後戻りするというものだったようです。

けど、それでは「おもしろい」をつづけていく道はどんどん狭くなってしまう。

たしかにミシマ社は変化しつづけてきた。表面的には、実に多くの実験をした。手を打ってきた。しかし、変化の仕方それ自体は同じだったのではないか。それは、中央集権―中抜き的「これまでのやり方」を採用しつづける人たちと、根っこでは同じと言えないか。もちろん、私たちは国や行政に頼ることはない。小商いを営む書店さんからの振込だけで、自らの商いを成り立たせている。ただ、これを実現するために、自分たちの得意な変化のやり方を採用しつづけてきた。結局、困ったら自分たちのやり方に立ち戻る。その一点においては同じと言えなくもない。

そうした危機感のもと、自身の会社が特異なやり方だけではないかたちで変化していきたい。そうして、「おもしろい」を実現しつづけたい。

そのために、いま一度、過去五年の自身と自社の動きや思考をふりかえろうと思います。まだ気づいていないヒントや、残されたままの課題を見つけ出し、もうひとつの「答え」へとなんとかたどり着きたい。その一心で自身が書き留めたテキストのページを繰ってみることにします。

2

ごあいさつの記録

本章は、ミシマ社サポーター（二〇一三年四月より毎年募集しています）だけに配られる「サポーター新聞」で、私が毎月手書きした「ごあいさつ」を集めています。「サポーター新聞」創刊の二〇一八年四月から二〇二三年一月分までの「ごあいさつ」の記録です。

今回、その当時書いた文章につっこみを入れるかたちの注を追加でいっぱい加えました。五年前、四年前……の自分に現在の自分が「おいおい、いくらなんでも飛躍しすぎでしょ」「案外いいこと言ってるかも」などと思いながら付けた注です。

なお、「〇年〇月〇日　第〇号」とあるのは、サポーター新聞のその号の日付です。執筆日ではありません。たとえば、一月三十一日とあるばあい、実際に執筆したのは、その翌月初旬あたりになります。ややこしくて、すみません。

一年目のごあいさつ

ごあいさつ

二〇一八年四月三十日（月）　第一号

「かっこいい」を求めない。ウェブ雑誌「みんなのミシマガジン」リニューアルに際し、デザインを監修いただいた寄藤文平さんとの打ち合わせで感じたことです。

「ミシマさん、かっこよさなんてミシマ社に誰も求めてないよ」。た、たしかに……。実はリニューアルして「かっこいいサイト」になればいいなあ、とどこかで思っていたのです。けど、大間違いでした。

「かっこよさを求めるときって、自信がないときだよ」。寄藤さんのことばに背筋がピンと伸びたものです。こうして、かっこいいミシマガからにぎやかなミシマガへと無事、リニューアルを果たしました。

「地球外生物がいるのは間違いないです※」

「間違いありませんね」

ミシマ社に縁深いあるお二人が断言するのを横で聞いていました。そ、そうか〜。

そして今、これを書いているこの瞬間、その生物はこんな姿（上の絵）をしているかも!?　と思い至りました。

案外、ありうるかもしれません。

うん。

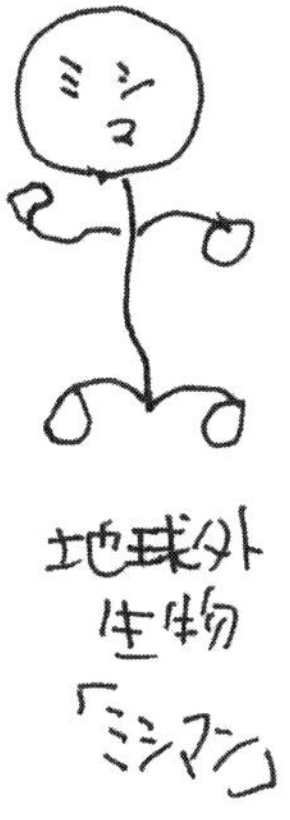

※　我ながらこの飛躍。リニューアルの話題がなぜ地球外生物に？　いちおう、編集者と名乗る者が、この脈絡のない飛躍、跳躍を許していいのか。という私のなかの編集者の声を押しこめ、書き手としてこれを読み、注を書いている私の感想は、「この飛びっぷり、おもろい！」です。いやぁ。

五月のキセキ

二〇一八年五月三十一日（木）　第二号

後世、このように語られるにちがいない。と今、私は確信しているのですが、実際はどうでしょうか？　そして皆さんのなかではこの五月、いかがでしたか？　私にとっては忘れられぬひと月となりそうです。

初旬、越前の岡太《おかもと》神社へ「紙の神様」を感じに行きました。※1　五月十二日、岩手・盛岡のさわや書店さんでおこなわれた益田ミリさん朗読会で涙した翌日、東京・青山ブックセンター本店での「数学ブックトーク」で、森田真生《まさお》さんのお話から「素手から始める次の時代」のたしかさを得ました。そして五月二十一日〜五月二十三日、秋田。五城目《ごじょうめ》、横手《よこて》、鵜養《うやしない》を訪れ、人口減少、高齢化社会は「黄金時代」への最大のチャンスであることがわかりました。※2　先の森田さんの理論が現実と邂逅《かいこう》したのです。

そして、そして五月二十二日、「手売りブックス」[3]シリーズ始動。まさに出版社、書店、そして読者が素手で新しい関係を築いていこうとする取り組みです。

サポーターの皆さんとの関係性が土台となって初めて挑戦できた取り組みでもあります。

このひと月の軌跡は奇跡への助走なのか。いえ、きっと希石の一投だと思っています。息のしやすい、おもしろい社会への希望をこめた——。

※1 この模様は、拙著『パルプ・ノンフィクション』に収録しました。
※2 ミシマ社の雑誌『ちゃぶ台 Vol.4』（発酵×経済号）にて特集しています。

※3「この本はこういう本で……」と直接、読者に語りかけて販売する。これを「手売り」と言うならば、書店でもそれと同じ感覚で届けたい。その思いを胸に考案したシリーズです。具体的には、はがせるシールに書店

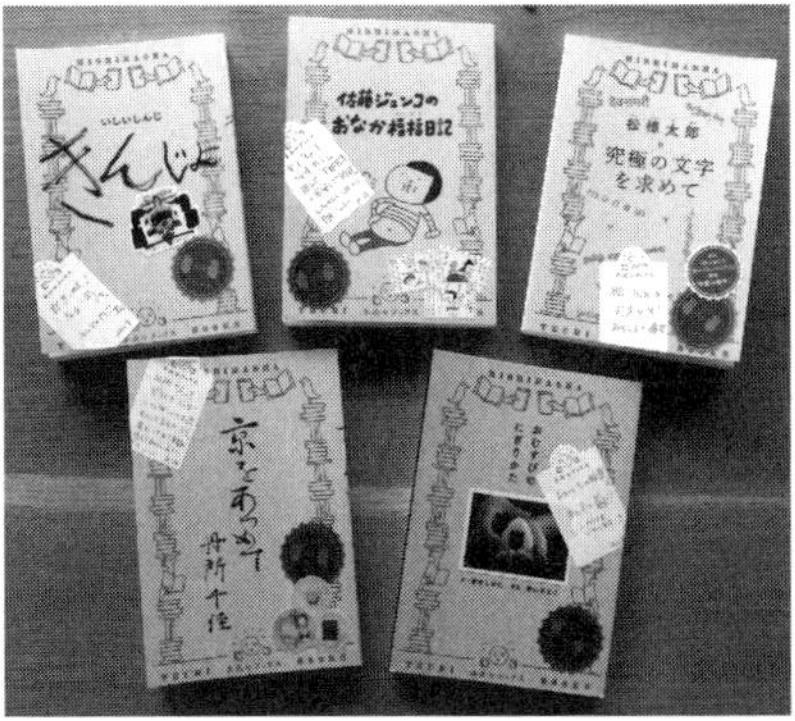

員さんや購読者がメッセージ、感想などを書く。そのシールを表紙の好きなところへ貼る。すると、世界で一冊しかない本ができる。まるで手売りされたような感じで書店でその一冊を手にとる。そうしたシリーズです。

六月の変事

二〇一八年六月三十日（土）　第三号

六月は私の誕生月です。……という話は別にいらないですよね。失礼しました（ちなみに四十三歳になりました）。たしか、最初に働いた出版社で新人だったときに二十三歳となったので、かれこれ二十年間、出版の仕事にたずさわってきたことになります。そのことを思うと、今、こんなにおもしろく毎日仕事ができていることに、感慨深いものを感じます。そしてこれはけっして、当たり前ではない。どころか、むしろ特別なこと。

そんな「特別」が毎日起こっているからこその楽しさなのだ。と本当に、本当に、そう思うのです。

つい先ごろ、ミシマ社の京都オフィスが、今の場所から退居しなければいけなくなりました。理由は割愛しますが、長くて年内、と言われました。
　現在の川端丸太町に移転して丸四年。場所が定着したことで、どっしりと構えて仕事ができるようになった実感がありました。路地裏の奥まった場所も少しずつ認知してもらえ、自分たちも愛着がどんどん湧いていました。正直、あと二年、せめて一年、ここにいたかった。それが偽らざる今の思いです。現時点では半年後、自分たちがどこにいるかまったくわかりません。どうなっているんでしょう？※
　その見えなさも含めて楽しんでいければ、と思っています。日々の楽しさ、おもしろさは当たり前ではない。だからこその喜びを噛み分けながら。

※　結果、今のところ（京都御所の東側）に移って、本当によかった。いいことだらけです。案ずるより産むが易し、ですね。

アツい七月

二〇一八年七月三十一日（火）　第四号

としか言いようがなかった気がします。集中豪雨のあと、ミシマ社のある京都では、十日間ほど連続で三八度、三九度の日々がつづきました。日中、外に出ると酸素がうすく感じられました。口をパクパクしたくなった、というか、してました。なんとか乗り越えた、というのが実感です。できればもう味わいたくありません。

こういうときは、アツさを助長するようなことはせず、個人としても会社としても、ボンヤリと熱をおさえるにしくはなし。なのは十分わかっているつもりでしたが、いろいろありました。イベント日数だけで、月の半分くらいはあったかと……。ご参加いただいた皆さまには感謝しかありませんが、環境的には、ヒートアップをあおったことは間違いないでしょう。来年は、打ち水をする会社になっていたいです。いろんなかたちでの打ち水を。

しかし、物事は思うように行くとはかぎらない。私個人で言っても、七月途中に「アツさがすぎるまで待つ」宣言をしたというのに、それからダダと京都オフィスの移転先が決まったり、ノザキの異動を決めたり、来年度の新卒メンバーを決めたり……。※ビッグな決定をたてつづけにしました。冷静に、などムリな話で、いずれもモウロウとしたなかでの判断でした。あっ、結果、正常な判断だったのかも……。

―　※後に「大型新人」と周りから呼ばれるスガくんの採用を決めたのでした。―

祈

二〇一八年八月三十一日（金）　第五号

これを書いている週（九月四日）、関西に台風二一号が直撃、翌々日には北海道で大地震がありました。私たちのオフィスのある鴨川沿いでは、大木が折れ、至るところに折れた木々が散在しています。関西のあちこちでまだ停電がつづいていています。北海道では全域で停電という非常事態に……。

一週間前、私が北海道に行った際はあんなに元気で熱気にあふれていたのに。

何かが狂ったのでしょう。

これ以上、被害が広がらないよう、こわいことが起きないよう、心から祈ります。そして、日常のなかで少しずつ整えていく動きをとっていきたいと思っています。

ああ

二〇一八年九月三十日（日）　第六号

つい先ほどのこと。私がオフィスに戻ってきて椅子に座り、さー仕事するぞ！　と思った瞬間A氏が、「ミシマさん、すっごいミスが判明しました」とつぶやいたのです。え〜、なになに、待ってよ、かなんわ〜という声を内に秘め、「何？」と笑顔で応えました。一枚の紙を手渡され……それは「引越し案内のはがき」でした。主に、著者の方々にすでにお送りしたはがきなのですが、指すところを見ればこんな一文が書かれてました。

「気落ちを新たに精進してまいります」

や、やってもうた……。言うまでもなく、「気持ちを新たに」であります。

ああ。

私が手書きした文を打ちこんでもらった際に生じた打ちミスでしょうが、出版社としてあるまじき。この程度の誤字を拾えないの？　という不安を著者の方に抱かせてしまったのは間違いありません。こんな大事な案内文でやっちゃうんだ～、と思われたことでしょう。ああ、あ……と、まさに気落ちしておりました。そんな気落ちした気持ちを新たに記したのがこの文であります。印刷ってこわい。[※]合掌。

※　紙の印刷物とデジタルデータのちがいは、ここに集約されているように思います。こわい。一度刷られたら、二度と「ない」ことにもできない怖さ。もちろん、本当はデータであっても、ログが残るのではあるけれど、表面上はすぐに修正できる。この安易さが、緊張感や集中力を削いでいるなあ、と思わずにいられません。一つの行動が致命傷になりかねない。だ

から慎重にも慎重を期す。本来、紙であれ、データであれ、仕事そのものへ畏怖《いふ》の念をもつ。逆に言うと、仕事と呼ばれるものは、その念を抱いた時点から始まる。のでしょうね。ああ。

断水

二〇一八年十月三十一日（水）　第七号

十一月三日、周防大島に行ってきました。[※1]

この島に訪れたことが『ミシマ社の雑誌　ちゃぶ台』誕生（二〇一五年十月創刊）の直接的なきっかけになりました。ミシマ社にとって、自由が丘、京都に次ぐ故郷といってもいいような場所が周防大島なのです。

いま、島の九〇〇〇世帯、約一万五〇〇〇人の人々が断水生活を強いられています。十二月中旬まで復旧の見込みが立たないと言われています。なぜか？　ドイツ籍の船がとても初歩的なミスを犯し、本州と大島をつなぐ大島大橋にぶつかったからです。そのため水道管が切れてしまった。つまり天災ではなく、一〇〇パーセント人災。それも、民間企業による軽率なミスが原因。にもかかわらず、その会社による水の補償などはありません。そのことを責める論調も報道もありません。

　国際問題に発展させないよう、政府もメディアも「事なかれ」を貫いている。そうとしか思えない、異常な事態です。これが仮に東京の世田谷区あたりで起こっていたらどうでしょう？　復旧を急がず、賠償請求を求める報道もせず、黙って待つだけ……とはなっていないにちがいない。東京の真ん中で起こっていれば、まる一日復旧しないなんてことはないでしょう。そう怒ってみても始まらず。東京栄えればあとは知らぬ。あるいは、地方と呼ばれるところまで手をさしのべる余裕が国としてなくなったのか。いずれにせよ、ああ、本当に国家やメディアや企業といった近代に生まれた枠組みの大半が崩壊[※2]したんだな、と実感を強めました。一日も早く復旧することを祈って、自分たちで行動します。

※1　十一月三日、広島で水を買いこみレンタカーに乗せ、周防大島で配りました。その後、サポーターとその周りの方々へ寄付を募り、集まった合計七〇万円を周防大島の友人たち（中村明珍さん、内田健太郎さんら）のグループへお渡ししします。チンさんたちは、そのお金で購入した水を配ったり、自由にもっていけるようにしてくださったのでした。一年後の二〇一九年十月、『ちゃぶ台Vol.5』で、チンさん、内田さんと、「周防大島の断水は『非常時』ではなかった⁉」と題した特集を掲載。

※2　このばあいの「崩壊」には、かつて機能していた（ように思えた）枠組みがあったが、その実体が崩れた、あるいは、もともとその枠組み自体が幻想だったのだ、という意味がこめられています。

御礼

二〇一八年十一月三十日（金）第八号

サポーターの皆さま、このたびは第七二回毎日出版文化賞特別賞のご受賞おめでとうございます！　パチパチパチパチ〜。

先日（十一月二十九日）、本賞の対象書籍『うしろめたさの人類学』著者の松村圭一郎さんはじめ、かけつけてくださったサポーターの方々六名とミシマ社メンバーとともに、椿山荘《ちんざんそう》でおこなわれた授賞式に参列しました。ここだけの話ですが、まあかたくるしかったこと（笑）。こういうところからは出版の未来は生まれてこないのでは、と感じずにはいられませんでした※。

松村さんが『うしろめたさの人類学』で述べたように、「硬直化した世界に〈スキマ〉をつくる」、それがいま、出版の世界にかぎらず、あらゆる場面、場所で求められている。とすれば、授賞式のような場にこそ〈スキマ〉がほしい。サポーターの方々が来てくださったことで、少しそれができたのがうれしいです。ただ、個人的にはミシマ社Tシャツを着ず、スーツ、ネクタイでいったことを深く反省している次第です……。

とまれ、式で鷲田清一先生が、「この賞は出版社も対象なんですが、（ミシマ社は）この本で言っていることを実践しているんです」と言ってくださいました。「各地に行って、手間かけて本を届ける。そのとき、その地でできることをする。ささやかですよ。けど、そのささやかなことをしなくなったらおしまいやないですか」と。まさに、サポーターの皆さんと一緒に受賞した、と確信した瞬間でもありました。多謝。

—— ※なまいきなことを書いてますすね。すみません。けど、これでも少しは穏 ——

やかになったのです。新人のころなんて、出版業界の催しに行くたびに「グレーだ、グレーだ」と言っていた。パッと見て、その集団の色がグレーに感じたものでした。あれから二十二年。少しは変わったような気がします。が、まだまだ、暗い。見た目の華やかさは増したのか減したのか、人によって意見がわかれるでしょうが、空気は、まだまだ、どんよりしている。もっと流れていい。流れてこそ、出会える、気持ちのいい世界がある。出版パーティに行くことはめったにないものの、行くたび思ってしまうのです。というか、あれから二十二年で、かく言う自分は何か変わったのか？　反省……。

新年

二〇一八年十二月三十一日（月）第九号

本年、ミシマ社は干支《えと》が一周しての一年目（十三年目）を迎えることになりました。

いつも支えていただき、本当にありがとうございます。

新しい年が来るとふしぎなもので、積もる淀《よど》みや疲れやおろかしい考えや「うわ〜、まだ仕事終わってない！」や「あ、あの人の年賀状の住所わからないな」といった不安や悩みやこだわり一切が吹っ飛びます。まるで、すべて解決したかのように。で、「あー、今年はいいことありそうだな」と思うのです。さっぱりした気持ちで。すると、あらびっくり。うごく、うごく。

とどこおっていた諸々《もろもろ》が、川が流れるようにうごきだすではないですか。

うーん、おそるべし、新年の力。年が改まるだけで動かぬ石を動かし、淀んだ流れを一挙に流すなんて！　と感心していたら、なんてことはない。たぶん、新しい年になったことでこっちの「気」があがったんでしょう。ふわっとあがった気とともにきっとエネルギーも生じたにちがいない。そのエネルギーを使って、動かした。そう考えれば、実に物理的な現象に思えてきます※。

もちろん、その物理的現象は一年に一度のわけではありません。毎日、この瞬間にも可能なはず。いやあ、今日もいいことありそうだなあ。

※　われながらわかりにくいですね。きっとこういうことを言いたかったんだと思います。気分一新、心機一転、新年の誓い。こうした気持ちや精神の高揚は、内面の変化のみならず、物理的な変化もともなっているはず。脳内のシナプス回路の一部が発火、あるいは、脳からの刺激が全身へと伝

わり、筋肉を構成する細胞が燃焼。このような化学的変化、すなわちエネルギー生成が、起こっていないわけがない。という仮説のもと、そのエネルギーを使って仕事のとどこおりも解決した。という理屈のようです。こう書いてみて、再び思わざるをえません。われながらわかりにくい……。いまなら、四年前の自分にこう言います。二〇二二年一月に出た若林理砂先生の『気のはなし』を読め、と。

小舟

二〇一九年一月三十一日（木）　第一〇号

一月三日、日本仕事百貨さんのサイトで募集した「営業事務・経理」メンバー。一カ月の採用活動を経て、つい先ごろ、決定しました。四月一日、晴れて京都オフィスにて勤務してもらう予定です。新人（新卒メンバー）もその日、加わるのでいっきに二名増となります。小舟にこんなに乗って大丈夫かしら（総勢一四名）、ともちろん心配はあるにはありますが、すばらしいメンバーと楽しく航海することにまさる喜びはありません。その喜びにしたがっていけば、きっと舟は安定航行に向かうだろう。これまでもそうやってこれたし。……というこことを信じて、いまから四月一日が来るのを楽しみにしています。

今回の採用※では、実に多くの方々にご応募いただきました。できるだけ多くの方々に会うよう努めましたが、並々ならぬ思いをもって応募してくださる方にも出会いました。そうした方々の思いもしっかり受けとめ、これからの出版活動に生かしていくぞ、と強く誓う機会にもなりました。サポーターの皆さんの思い、応募してくださった方々の思い、読者の思い……こうした思いを小舟に乗せ、今日も進みます。

※結局、このとき採用した人物は約一年後、退社します。いろんなことは、入ってみないとわからない。すごくがんばってくれましたが、その時点では、私たちのほうに、もっと丁寧に親切に伝えたり、教えたり、という余裕がなくずいぶん苦労をかけたなあ、と反省しきりです。ただ、自分のなかでは一緒に出張や合宿に行ったことなど、楽しい思い出がすぐに思い出されます。そして勇気を出して入社してくれて、一緒に働けたことに温かな気持ちがこみあげてくるのです。

身体

二〇一九年二月二十八日（木）第一一号

二月をひとことで表せば、まちがいなく「身体」です。早々、インフルエンザに二年連続でかかり、ダウン。幸い、早めのタミフルが効いたのか、一晩高熱でふるえただけで、あとはずいぶんと楽でした。ちなみに、昨年は、イナビルという薬を鼻から吸入。「一回の服用で済みますから」と医者にすすめられて使ったものの、すでにあがっていた熱と衝突し、すさまじい闘いが体内でくり広げられました。ついには、人生初の幻覚を見るという苦しみも……。それを思えば、今年はかなり楽だったと言えます。

ふしぎと一度かかってしまえば、もう大丈夫という安心感のせいか、気持ちも風船のように軽やかに。そうして、万全の心身となって、森田真生さんの

『数学の贈り物』の完成へ向け集中する日々が始まりました。それから約三週間……。

のびやかに、軽やかに。常日頃からそうありたいと思っていますが、今回ばかりは、想像以上にガチガチになっていたようです。装丁を入稿した瞬間、デザインを担当いただいた寄藤文平さんと、「ふ〜〜〜」と長い息を吐きました。「久しぶりに身体にきました」と私。「だよね、装い（装丁）をつくっているというより、森田真生の〝肌〟をつくってる感じだった」と文平さん。「本当に！」と二人、大きくうなずいたのは言うまでもありません。私たちの「身体」から、一冊という新しい「身体」が生まれたひと月でした。※

※　森田さんの新刊『偶然の散歩』（二〇二二年九月刊）でも、同じく寄藤文平さんと見本完成後、「温泉でもいきたいね」と言い合ったのでした。

新人

二〇一九年三月三十一日（日）第一二号

この一年、ミシマ社を支えていただき、本当にありがとうございました！

自分たちでも驚くほど、いい出版活動ができました。もちろん足りないところは山ほどありますが、確実に成長できたことを実感しています。ひしひし。

一つは、本づくりに集中できたこと。それによって、一冊一冊の細部にわたる質をあげることができました。思いをこめるのは、いままでずっとやってきましたし、これからも変わりません。それに加えて、技術面においても、数年前にはできなかったことが、少しずつできるようになった。それは、編集者生活二十年を迎える私自身、一番わかっているつもりです。身体の感覚で、「わお！」と反応しているのです。

こうなった理由の一つに、新人ノザキの成長があります。昨年、七月より制作にかかわるようになったノザキがメキメキと力をつけ、ミシマ社の本においても、すごくいい働きを見せるようになりました。『胎児のはなし』『数学の贈り物』の出来具合をご覧いただければ、おわかりいただけるかと思います。そのノザキも、二年目に入り、このサポーター新聞の制作を卒業します。四月号からは、新人スガが担当します。いろんな意味で大型新人です（笑）。思わず（笑）をつけたくなる男です。どうぞ長い目で見守っていただけると幸いです。

あらためて、この一年、ありがとうございました。

二年目のごあいさつ

幸

二〇一九年四月三十日（火） 第一三号

四月は、「しあわせ」をいっぱい感じる月となりました。七日の「この日の学校」（甲野善紀先生、森田真生さん）というライブイベントにはじまり、十一日には「しあわせしりとりナイト」を東西の両オフィスで同時開催。書店員さんとともに『しあわせしりとり』[※1]著者の益田ミリさん、デザイナーの大島依《い》提《で》亜《あ》さんもかけつけてくれて、一緒に「しりとり」をしました。そして二十八日には、寄藤文平さんと、「おお！　すおうおおしま」[※2]を開催（周防大島在住の農家兼僧侶の中村明珍さんに運営いただきました）。ミシマ社が主催したのは先の二つですが、三つとも、それはそれは特別な場となりました。来てくださった方々が、心から喜ばれているのが、ひしひしとわかりました。こういう場を主催したり、関わることができ、そのことにも深いしあわせを感じた次第です。

著者の方々と過ごす濃密な時間。そこで体感するいくつかは、自分たちのなかで知らず知らずのうちに「当たり前」になっていたのでしょう。それを、ライブという場で皆さんと共有できたとき、これほど喜んでもらえるのか、これほど切実に欲してくださっていたのか、と、痛感せずにいられませんでした。裏を返せば、自分たちはなんて恵まれた環境にいるのだろう、ということです。それもひとえに、サポーターの皆さんに支えられているからこそ。自分たちが享受する恵みを、しっかり一冊に、そしてかぎられますが、ライブの場でお届けしてまいります。

※1　『しあわせしりとり』の目次は、小見出しで「しりとり」をしています。たとえば、「しりとり散歩」「『ほんと。全部が夢みたい』」「一キロダイエッ

ト」。この小見出しづくりは、いま思い出しても、編集人生のなかでもっとも楽しい作業の一つだったなあ。ああ、またやりたい!

※2 本年(二〇二三年)中には、ここでの成果をかたちにしたいと思っておりますが……。

反省文

二〇一九年五月三十一日（金）　第一四号

五月の連休は長かったですね。私たちは一〇連休にしませんでしたが、世間の空気が完全にそうでした。つまり、「なんだかよくわからないけど休まないといけない空気」が蔓延《まんえん》してました。最初の五日ほどは、その空気に染まらない派がまだまだ暗躍してました（私たちもその一派……）。ところが、七日、八日目くらいから、「ま、ちょっと休もうかな」と気がゆるみだし、九日、十日目には、「あー休みだ休みだ」、と浸かってもいない温泉に浸かった気分になってました。そうして……気がつけば、日本中が、「お休み気分」になったのでした。見事、連休の最終日に。

以降の二十何日は、十日かけて広まった「お休み空気」に包まれながら過ごすことになります。いえ、もちろん働いていました。というか、すごく働いていました。けれど、世間の空気が温泉です。マッサージです、バカンスです。そんな空気にさらされ、浸り、同化しながら『ホホホ座の反省文』（山下賢二、松本伸哉）という本ができました。たぶん、多分に、そんときの空気がつまった一冊になった気がします。結果、ちょうど本書にふさわしい按配《あんばい》になったように感じています。著者のお二人には申し訳ないような気もしつつ……。この月にしかつくれなかった唯一無二の本！

——※書籍は生き物。このあいさつ文を読み返し、しみじみと実感。——

ちいさい

二〇一九年六月三十日（日）第一五号

　まもなく、新レーベル「ちいさいミシマ社」の船出です。とてもちいさい一歩ですが、出版という世界がこれからもつづいていくために自分たちができる一歩であるのは間違いないと思っています。すくなくとも、そうありたい、あらねば、と思って、スタートいたします。

　具体的には、少し価格を高めに設定し、少部数の本を出します。また、書店さんには、買い切り五五パーセントで卸《おろ》します。※1 つまり、大人数ではなく、少数の方々のもとに濃く届く。その一冊を販売することで、書店の利益もしっかりでる。これまでミシマ社の本は七〇パーセントで卸してきましたが、それより一五パーセントも、書店利益を多くしました。もちろん、その分、そのままミシマ社側の利益が減ります。一五パーセント減はかなりの痛手です。が、読者・書店・出版社の共存のあり方を模索するのに、まずわが身を削らずしては、何も見えてこない。そう思っての判断です。うまくいく確証があって始めるわけではありません。むしろ、どうなるかわからない。ただ、そっちに向かうしかないよね。という確信だけはあります。大量生産・大量消費の時代が終わり、次の時代のあり方へ。一出版社二条件※2の取組み。こうした挑戦ができるのも、サポーターさんの皆さんのおかげです。心から感謝しています。

※1　その後六〇パーセントに……。書店の皆さま、申し訳ございません。実験は、試作と仮説を重ねながら。一足とびに、正解へ辿りつくことなどありません。いまも、できれば五〇〜五五パーセントにしたいと思ってい

ます。そのためには、市場の価値感覚として「本はある程度高いものだ」という共通認識がもっと広まっていく必要がある。同時に、書店という小売の常識として「買い切り」がもっと一般化しなければならない。一進一退をくりかえしながらも「楽しい」「おもしろい」ほうへ向かっていけたらうれしいです。

※2 これだけでは不十分だったとつい最近、反省しました。一出版社二条件、ただし一書店一条件を前提に。一つの書店さんに対し、買い切りと委託が混在すると経理部の方々の負担が重くなる。その視点にたつと、買い切りの書店さんにはこの条件、返品可で取引する書店さんにはこれ、という分け方にすべきと思っています。

反省

二〇一九年七月三十一日（水）第一六号

猛暑。なにかと反省することの多い夏です。

まず一つ目は、八月十日に予定してました『ホホホ座の反省文』発刊記念イベントが中止になったこと。会場のカフェマーサさんはじめ楽しみにしてくださっていた方々には、お詫びのしようもありません。当日、他のイベントが京都であったり、告知が遅れたり、……などが重なって中止を決定しました。が、これはあってはならぬこと。今回の担当だったWさん、Tくんには猛省を求めます（もちろん、私も！）。

二つ目は、先ごろスタートした新レーベル「ちいさいミシマ社」刊『仲野教授の そろそろ大阪の話をしよう』に誤植がありました。一五六頁に「岸和田の『塩五』の「村雨」（図18）」とありますが、次頁の写真は貝塚の「塩五」の「村雨」でした。これは、直前に写真を入れることに急きょ決めたため起こったミスです。写真を掲載していなかったら、岸和田の「むらさめ」という記述が正解でした（岸和田出身の江さんの発言なので当然）。写真を入れようと言ったのは、ちなみに私……。担当は二年目ノザキですが、全然時間がないなか、本当によく対応してました。逆に、あまりに対応したため、かえって起こったミスとも言えます。ノザキにはまったく非がないのであしからず。

その『仲野教授の　そろそろ大阪の話をしよう』本。少数部レーベルを掲げて起ち上げたものの、最終的に初版部数五五〇〇部となりました。※さすがに、多かった……。反省の夏。

※　全然少部数じゃないこの初版部数を決めたのも私。何を考えていたのか？　少部数レーベルの意味をわかっていなかったとしか思えない。

新人

二〇一九年八月三十一日（土）第一七号

「社長と新人」（ミシマガラジオ）でおなじみのスガどん。このミシマ社新聞も彼が中心となって制作しています。そのスガくん。大型新人のフレコミはダテじゃありませんでした。八月もお盆をすぎた週末の金曜日の夜。一週間の仕事を終え、ほっと一息ついたのでしょう。ラーメン屋で夜食をとり、家路に。やれやれ、今日もがんばったわい。と部屋を開けようとしたところ、あれ？　あれあれ……？　ズボンのポケットをどれほどまさぐれど、上から叩けど何もない。ま、まさかーーー！　てなふうに叫んだかどうかは知りません。ですが、まさか〜〜、くらいは言っていてほしい、というのが私の願望です。

はい、スガどん。鍵を落としてしまったのでした。部屋の鍵のみならず、会社の鍵も……。あとで訊けば、ふだんから鍵は財布に入れていたとのこと。うーん。

ミシマ社では、いわゆる社員教育はしません。「小さくまとまる」より「大きく育つ」。そうあってほしいからです。けれど……。今回のことで少し考えました。たしかに私は鍵を渡す際、「鍵はね、とーっても大事ですからね」とは言わなかった。言っていたらどうだったか。まあ、思いもよらぬことを起こすのが新人の役割。その意味でいま、彼は王道を行っています。楽しみ※！

※スガくんは、二〇一九年四月の入社以来、営業チームで活躍してくれています。本書『ここだけのごあいさつ』の姉妹版『ここだけのミシマ社』（非売品、サポーター限定のプレゼント本）では、デザイナー・デビューを飾ります。大丈夫なのか？　はたしてかたちになるのか？

バンド

二〇一九年十月三十一日（木）　第一八号

今号の紙面にあふれる単語。それはいうまでもなく、バンド。十月二十日に発売となった『バンド』（クリープハイプ、聞き手・木村俊介）、ミシマ社にとっては『しあわせしりとり』以来の大部数初版でのスタート。文字通り、社運をかけて。

もちろん、存じております。経営的に言えば、あまりしばしば、社運をかけるものではありませんよ。波風たてず、粛々と日々の仕事に向き合ってこそ、いい仕事ができるもの。重々承知しているつもりですが、なにぶん、小舟であります。にもかかわらずときに、大型船のような航海（大部数）に挑戦せざるをえなくなる。望んでそうなる面と、流れで気づけばそうなっていることの両方があります。

大航海を小舟でしようとすれば、リスクがきわめて高くなるのは避けて通れません。必然、社運をかけることになる。「売れない」ということが絶対にあってはならない背水の陣を敷いての日々が始まります。それがいま、です。

毎日、南無阿弥陀、と声に出し、祝詞《のりと》を唱え、ああ神様、と言ってみたり。とにかく、売れますように売れますように、と祈っています。この思い、どうか届いてほしい。※　とにかく、サポーターの皆さんにだけは届きますように……。で、周りの方々にどしどしプレゼントいただけましたら、この上なくありがたく！　めちゃくちゃおもしろい本ですから!!　↑これ大事。

※ご購読いただいた皆さま、本当にありがとうございました。おかげさまで、好調な売れ行きとなりました。

新

二〇一九年十一月三十日（土）第一九号

残すところ本年も一カ月を切りました。本新聞がお手元に届くころには、もう数日かもしれません。今年はサポーターの皆さんにとっては、どのような年でしたでしょうか？　ミシマ社の今年を一文字であらわせば（清水の和尚に成りかわって）「新」と大書したく存じます。

一つは新人の入社。もちろん、サポーターの皆さんには存じていただいているかと思いますが、大型新人スガくんです。彼の入社により、まちがいなく新風が吹きこみました。つまり、およそどこの出版社にもいない空気をまとった、社会人臭ゼロの新人がいることで、私たちの働き方、ちょっとした仕事の進め方が玄人《くろうと》っぽく流れるのを免《まぬが》れたと思います。「ひらかれた出版社」である。

その大きな力に、新人くんがなってくれました。

もう一つは、新レーベル「ちいさいミシマ社」の創刊。まだまだちいさな一歩ですが、出版業界が新しい次元へ変わっていくための一歩が踏めたと思っています。

これら以外にもまだまだありますが、特にこの二つはサポーターの方々の支え抜きにはありえなかったです。本当に大きな励みと力になりました。心から感謝しております。

来年は、さらに「新」がつづきます。新人、新システム開発……なんとか出版がいいふうに流れていくように。来年も全力でのぞみます。ますますよろしくお願い申し上げます。今年もありがとうございました。

足元

二〇一九年十二月三十一日（火）　第二〇号

二〇二〇年、新年初のサポーター新聞をこうしてお届けすることができ、とてもうれしいです。

本年は何度かお伝えしていた通り、営業事務・ミシマ社直販営業を根本から新たにするシステムを完成させます。※いま、四月のスタートに向け、全力で開発を進めているところです。これが完成したら……。景色が変わる。とかく暗くなりがちな書店と出版社の空気が一新される。たとえば、ミシマ社で言えば月末月初に七〜十日ほどかかっていた請求業務が半日に。営業メンバーがチラシをつくり書店に案内、そこまでは変わりませんが、従来のようにＦＡＸで送って、ということはなくなります。そうなんです。いまだにこの業界はＦＡＸ

です。このようなちょっとしたやりとり一つとっても、便利で簡単で何より楽しい！　をめざしています。古代のシステムから近未来のシステムへ。それをちいさな出版社の皆さんにも広く使ってもらう。これだけでずいぶん出版をとりまく空気が明るくなるはず！

と信じ、日々、打ちこんでおります。自分たちの足元から変えていく、変えていける、と。

ぜひぜひ温かく見守っていただければ幸いです。本年もよろしくお願い申し上げます。

※　書店と出版社をつなぐ受発注プラットフォーム「一冊！取引所」を、二〇二〇年六月にスタート。とはいえ、このとき書いている「ミシマ社直販営業を根本から新たにするシステム」には、「完成」どころかまだ着手すらできていません。千里の道のりを痛感しています。

一冊！

二〇二〇年一月三十一日（金）　第二一号

これまで約十三年半、一冊入魂の出版活動をつづけてきました。ものづくりの会社として、これからもずっと、それを貫いていこうと思っております。

そのために——。

先月号でも書きました通り、新システムの開発を進めております。当初、ミシマ社内の営業システムを便利にするために取り組みましたが、いまでは、広く業界の未来に貢献する取り組みになりそうです。というのも、自分たちだけで使うにはもったいなさすぎますし、何より、広く共有することで初めて、自分たちの本も生かされることになりますから。裏を返せば、いま、自分たちだけがなんとかやっていける、というような悠長なことを言っていられる状態にありません。書店がなくなれば、出版社は本をつくっても、売れない。出版社がなくなれば、書店は売りものがなくなる。出版社も書店も、「ちいさい」がいっぱいあってこそ、それぞれが生かされる。

とやや暗いトーンで書いてしまいましたが、大丈夫です！　そう太鼓判を押せるほど、今回のシステムはすばらしい。何より開発していて、楽しくてしょうがない！　サービス名は「一冊！」。一冊！取引所、[※1]一冊！番頭、一冊！マーケット……[※2]どんどんおもしろくしていきます。大いにご期待くださいませ！

※1　この時点では、私は取締役として参加、エンジニアの知人が代表をつとめることになりました。

※2　番頭、マーケット……そんな構想があったなあ、となつかしく読みました。

変化

二〇二〇年二月二十九日（土）　第二二号

これを書いている三月初旬現在、新型コロナウイルスの脅威が吹き荒れております。この先どうなるか、いつ終息するのか、まったくわかりません。ただ、たしかに言えるのは、「不安」だけが蔓延《まんえん》しているということ。目に見えないものへの恐怖と先が見えないことへの不安が、「空気」となってひとり歩きしている気がしてなりません。まさに「非常時」の空気です。けれど、と自分たちをふりかえってみたとき、思ってしまいます。けれど、ふだんから「そういうもの」じゃないか、と。

たとえば、ミシマ社の日常でいえば、毎日、年中、先が見えない状態です。それに、出版の仕事は、ウイルスではないものの常に目に見えないもの（内容）

とつき合うことでもあります。その目に見えないものを発酵させ、一つのかたち（本）にする。

　こういう状態で日常の仕事をおこなっていると、変わりつづけることが当たり前になります。つまり、表面的に安定した仕事がなりたつのは、日々、ものすごく細かな変化をしつづけているから。時代にのみこまれることなく、時代の変化には対応する。

　このコロナ騒動を機に、サポーターの皆さんの日々もそっちへシフトしてはどうでしょうか。※なかなか楽しい日々が待っていますよ。まあ、落ちつきがないとも言えますが……。

※　サポーターの皆さんに提案する前に、自分たちの心配をしろ、と言いたい。当時のミシマくんに向かって、「他人の心配してる場合じゃないですよ！」と。

寛容

二〇二〇年三月三十一日（火）第二四号

先日、京都のとある喫茶店で原稿を書いていると、隣の席で老夫婦と娘さん（といっても六十代）が、「若者が（コロナウイルスを）まき散らしてるんやろ」「無症状の人でも感染させてるんやって」「かなわんわ」と語り合っていました。それを横で聴きつつ、「いいえ、皆さんもですよ。もちろん、僕も含めて、誰もが感染者である可能性がある。その点で、老若男女、みな同じです」、こう言おうと喉元まで出かかりました。が、そのときはぐっとのみこみました。いや、喫茶店で議論するには、「社会的距離」（social distance）が近すぎますから。そして、何より、こうして自分を棚上げして語ったり、情報に偏《かたよ》りのある人たちにさえ、寛容であることが、大切だと思うからです。

こういう危機の時期にこそ、青山ゆみこさんの言う「ほんのちょっと当事者」であることが求められます。ふだんから、あらゆることに「ほんのちょっと当事者」としてかかわり、培ってきた習慣や知恵が、今回ものすごく役立つはずです。なんとなれば、まったく目に見えないのに、これほど「思いっきり当事者」なこともそうそうないのですから。

大事なのは、自分さえ良ければいい、という考えを捨てること。同時に、僕もそうですが、それでも喫茶店に行ってしまう自分の弱さを認めること。そして、お客がゼロになることを望まれる社会的空気のなか、お店をつづけなければいけない状況にあること。

政府の助けがない以上、一人ひとりが生活の場で仕事の場で助け合っていくほかありません。これまでしたことのない共生を実現していくしか……。そのために、あらゆる知恵や技術や経験を総動員する必要があります。だからこそ、寛容で笑顔を忘れずにいたいです。

三年目のごあいさつ

お約束

二〇二〇年四月三十日（木）

こんにちは。サポーターになっていただき、心より感謝しております。そしていま、こうして皆さまに手紙を書けることが、とてもうれしいです。このうれしさには二つあって、実際に筆をとるなかで、皆さまに支えられていることを実感できる、その喜びから。もう一つは、会社がこうして〝ある〟から書くことができるわけで、裏を返せば〝ない〟かもしれないような状態だったのです……。絶体絶命でした。理由はカンタンで、私が資金繰りを怠《おこた》り、してなかったから。お金にとらわれてはいかん！という変な意地から……。超反省です。もう二度とこのようなことのないよう、サポーターの皆さまへお約束いたします!!

パパ〜〜ッ

二〇二〇年五月三十一日（日）第二五号

サポーターの皆さま、あらためまして、サポーターになっていただき、本当にありがとうございます。この間、書店の休業があいつぎ、一冊入魂の本たちを読者の方々にお届けする機会を失っていました。当然、出版社である私たちにとって売上の大幅減を招く事態となりました。そうしたなか、このようにサポートいただいたことが、文字通り、物心両面で大きな支えになっております。心から感謝しております。

おかげさまで、経営的危機は回避できました。そのことは、先日のお手紙で記した通りですが、資金繰りをしっかりする、と本気で思えたことが、個人としては大きかったです。こうして多くの方々に応援していただいているのに、経営の足元がぐらついていてはいかん！　と大いに反省した次第です。もう二度とこういう心配は起こさない！

と決めたとたんに、あらふしぎ。どんどん、おもしろいことがかたちになっていくではありませんか。MSLive![※1]というオンライン講座・講演の事業が急に動き出したり。五月に出た三砂ちづる先生の『自分と他人の許し方、あるいは愛し方』が、大絶賛されたり。そして念願だったtupera tuperaさんの本(?)ができたり。[※2]詳しくは、本新聞に委ねますが、「パパ〜〜」と言っていると、それだけで場が活気づきます。コロナで淀んだ空気、邪気を一掃するのにも効果的です。世代を超えて楽しめますのでぜひご一緒に！　パパ〜〜ッ!!とパッと。

——

※1　二〇二〇年五月にMSLive!に寄せて綴った文章を転載します。

——

待っている人のもとへ確かな言葉を――原点回帰の出版活動

新型コロナウイルス感染拡大の危険がつづく日々、いかがお過ごしでしょうか？

なかなか先が見えませんが、私たちの書籍や出版活動が少しでも皆さまの日常に彩りを添えるものであれば、これほど嬉しいことはありません。

そういう思いもあり、このたび、ミシマ社ライブ（通称 MSLive!）というオンラインイベントを積極的に企画・開催していくことを決めました。

決め手は、オンラインで開催した二つのイベント「この日の学校」（4月19日）、「パンデミックを生きる構え」（4月25日）でした。

参加者の方々から、「開催してくれてありがとう！」といった溢れる思いが詰まった声を多数いただきました。

情報が錯綜するなか、こうした確かな声を欲していた、という声もありました。

そうか、そういうことか！

私のなかで、その瞬間、「これぞ出版の原点回帰だ」と思えたのです。

待っている人のもとへ、確かな言葉を届ける。

思えば、ミシマ社の本はすべて、「生き物」のような生命力の高い本でありたい。そう願ってきたわけですが、両イベントの言葉は文字通り、その瞬間生成された生きた言葉でした。それを、空間的縛りを超えて「一人」のもとへお届けする。これぞ、出版活動の原点、出版メディアとして果たすべき仕事ではないか。大きな気づきとなって、そのように感じた次第です。

今後、私たちが時間をかけて関係を築いてきた確かな方々と、確かな言葉を、MSLive! でお届けしていければと考えております。

二〇二〇年五月二十八日　ミシマ社　三島邦弘

※2 『パパパネル』という一〇枚のパネルが入ったコミュニケーションツール。tupera tupera の亀山達矢さんが「コロナ下のステイホームで、家族から邪険にされがちなお父さんたちを元気にしたい」とおっしゃり、そのことば通り、お父さんを「いっきに、簡単に、主役へ」押しあげる楽しいパネルとなりました。

動

二〇二〇年六月三十日（火）第二六号

今日は七夕です。七月七日現在、熊本をはじめ九州の各地で大雨による水害が起こっています。これ以上、被害が広まりませんように、一刻も早く収まりますように、そしてコロナが再び感染拡大するなか、今年の夏はとりわけ、台風をはじめとする自然災害が起こりませんように、と強く強く祈ります。残念なことに、いま自分ができることは祈ることぐらいです。

せめて出版社としては、毎年秋にだしている雑誌『ちゃぶ台』[※1]で、災害を前提とした生活、町づくりについてしっかり考えたいです。ちなみに、ちょうどこの時期から『ちゃぶ台』の取材を重ね、追いこみをしていきます。が、今年はまったく動けておりません。なにせ移動そのものが困難な時期ですので。そういう状態ですが、確実に、これまでになかった楽しみがでてきているのも事実です。たとえば、MSLive! というオンラインイベントがそれです。「ちゃぶ台編集室」というコーナーも月一回おこなうことにしました。[※2] 六月十日は、周防大島の中村明珍さん、内田健太郎さんとともに企画会議をしました。そのなかで、ふだん表にでてこない人の声を聴きたい、とお二人をはじめ皆さんが思っていることを知れました。七月十六日には平川克美さんをお招きして、公開で第二回をします。[※3] こうして常に開かれた場があることで、今年の『ちゃぶ台』は確実にちがうものになると思います。七月末には大人向けサマー講座、八月には「こどもとおとなのサマースクール二〇二〇」も開催。移動できずともつづけてまいります。

※1　二〇二〇年秋にリニューアル創刊。デザイン、造本を一新。以降、半年に一冊の刊行ペースとなっています。

※2　月一回やるつもりだったのか！　と驚き。その後、半年に一度の雑誌づくりのたび、開催しているわけでもありません。まして毎月なんて……いやはや。

※3　リニューアル創刊した『ちゃぶ台6』（二〇二〇年秋冬号）、「特集：非常時代を明るく生きる」に結実します。

サマー

二〇二〇年七月三十一日（金）　第二七号

夏だ！　子どもも大人も外へ飛びだせ！　とはとても言えない日々がつづいております。コロナは拡大するばかりですし、気温は四〇度を超えるときもあり……。いやおうなく、Stay home せざるをえません。

そんな日々をいかがおすごしでしょうか？　なかなか、ままならぬ日常とお感じかもしれませんが、どうかすこやかにおすごしいただければと願ってやみません。

私たちは二つの「サマー」――「夏が楽しくなる！　大人のためのサマー講座」と「こどもとおとなのサマースクール二〇二〇」――で、充実の夏となりそうです。サマー講座では、土井善晴先生の「この夏の一汁一菜」に大いに感銘を受け、その夜から、みそ汁づくりにはまっております。「何を入れてもいい。ぜったいおいしくなるんです。まずくなりようがない。素材がおいしいんやから」。このことばに、全身の感受性が開放されたような気持ちの良さ、心地良さをおぼえました。以来、サマースクールの先生方も含め、皆さんのご専門の視点を、日々の生活に生かす。その楽しみにめざめました。すると、遠出しなくても、発見や気づきがあるわあるわ。むしろ、以前より……。というわけで、サマーさまさまな夏であります。

バッタ

二〇二〇年八月三十一日（月）第二八号

残暑でした……。と過去形で語るにはまだ早い本日九月一日の午後の京都はゆうに三五度を超えていました。お昼ご飯を食べに行って帰ってくるものの、十分足らずの時間で、頭がくらくらしてきました。ひきつづき、皆さまもお気をつけくださいませ。

そんな暑さのなか、数日前、息子たちと鴨川へ。バッタを手づかみしようと思って行ったのですが、いない……。こないだまでいっぱいいたというのに。と思って見れば、草や葉がきれいにかられています。生い茂っていた草葉がすっかり短くなっている。

そうなると、たしかに歩きやすい。見た目もスッキリ。けど。これじゃあ生物は棲めないわな。生態の多様化とは逆行しているような……。見事に整備された風景を目の前にして、なんだか悲しくなりました。

もちろん、草刈りをされた方々には、ご苦労様です、ありがとうございますという気持ち以外にない。ただ、これを良しとしてしまっている、現状の人間たちの感覚に、いたたまれない気持ちになりました。

ああ、このままじゃいかん。「学びの未来、座談会」※で提示された通り、「毎日、生態系が少しでも多様になっていくこと」を目標にしないと。教育も社会も経済もすべて。そんなことを考えたのは、この夏、虫たちとの時間がとても楽しかったからにほかなりません。

※ 二〇二二年四月からは「学びの場をつくる学校」へとアップデート。森田真生さんの小講義、ゲストを招いての座談会、瀬戸昌宣さんによる相談会、この三セットを毎月おこなっています（〜二三年三月）。

回復

二〇二〇年十月三十一日（土）　第二九号

朝晩が急に冷えこむようになりましたが、お変わりございませんか？　この数日（11月4日～11月5日）京都は最低気温が六～八度。わが家の子たち（七歳、四歳）は、起きるなり、猫みたいに、こたつで丸くなっています。顔だけ、ちょこんと出して。

心配なのは、これからどんどん寒くなっていくなか、コロナの感染が再拡大しそうなこと。欧米ではすでに、第二波に見舞われています。経済との両立の名のもと、日本では大きな規制がないまま、日常を送ることになりそうです。最悪の事態も想定して、動いていこうと思っているところです。

皆さまもどうかお気をつけて……！

それでもこの半年をふりかえって、いいことがいっぱいあったなあと、思わずにはいられません。その最大の要因は、立ち止まったこと。立ち止まり、ゆっくり見る。傷《いた》んだり、へこんだりしていたところを、知らず知らずのうちにやり過ごしていた。そうしたいくつかを点検できたこと。そして、見ることでやがて回復していったこと。※そうしていま、穏やかさを取り戻すことができたこと。まだ傷んだまま、回復できていないことを知ることができたこと。すべて含めて、回復の途上にあるなあと、思う今日の人生です。

※ MSLive!や電子書籍化など、目に見える変化も大きいですが、なにより営業がチームとして動きだした。サッカーで言えば、これまで各自が自分のイメージのまま動いていたのが、チームとしてどういうプレーを積み重ねていけばいいか、その方向性を共有して動けるようになった。私自身が立ち止まり、編集の仕事をおさえることで、この念願が叶いました。

もれでよう

二〇二〇年十一月三十日（月）　第三〇号

　もれる、あふれる、はみでる、こぼれる。いまの世の中、もっともっともっともっと、※こういう動きがあっていい。ないと困る。

　子どものころ、京都の細い道で近所の子とよく野球をしました。当然、子どもたちは声を張りあげ、遊びをする。毎日、家の外の公共の場所には、子どもたちの声がもれあふれていた。あふれ、はみでるのは、子どもたちの声だけにはとどまらない。ボールも負けじと、遊び場である空間をはみだし、誰かの家へとこぼれ落ちた。そしてボールは、ガラスという空間と空間を分け、物の行き来を遮る物体を割り、空間の風通しを良くするのだった。そういうとき、たいてい、大人が家から外へともれでてくる。私たちの近所でも例外ではなかった。〝○○のおっさん〟と子どもたちが名付けた初老の男性が、杖を片手に、ステテコとヨれたシャツ姿で、怒ってでてくる。「コラー、おまえら、ならべ～」。上級生も下級生も、一様に首をうなだれ〝○○のおっさん〟の前に並んだ。「おまえら、何回いうたらわかるんや～」と怒られたはずが、皆、笑いだした。〝○○のおっさん〟の口から、「や～」のタイミングでよだれがもれでたからだ。そうだ、大人だってもれる。もれたっていい。

身をもって証明してくれる大人たちが、すぐ近くにいた。だから息苦しくなることなく、育ってこれたのだ。これからは私たちがその番だ。もれてあふれて、はみでて、こぼれて……。

——※「もっと」は一回で十分ですね。——

ゆるめる

二〇二〇年十二月三十一日（木）　第三一号

毎年目標というものをあまり決めないほうなのですが、今年（二〇二一年）は「ゆるめる」ことはしよう、と思ったのでした。前号の「もれる、あふれる」に続き、「ゆるめる」。まず思ったのは、速度をゆるめる。『料理と利他』で土井善晴先生が「ゆっくりもええもの」とおっしゃっておられたのにも通じます。料理人のみならず、私たちの仕事でも、「速い」は価値とされてきました。「あの人は仕事が速い、ようできる！」と。もちろんこの「速い」には正確性が伴わないといけません。でないと単に「荒い」になってしまいますから。つまり、速く正確に、をめざすことに。必然、効率よくないと「ダメ」となる。

効率よくたくさんこなす。速いを価値とする背景には、効率性と大量生産を良しとする前提が見え隠れします。もう一つは、密度をゆるめる。しばっていたものをゆるめる。これは何も「三密回避」[※1]を意図しているわけではありません。まったく。

たとえば、ことば。これまで「血の通ったことばを」と唱えるとき、思いや熱量をそこにこめることばかりにとらわれていた、と反省したのです。だけど、それだけでは、他者の入りこむ余地がない可能性もある。ことばが固形物のまま使われてしまうと、それは記号、定型句、形式語にとどまり、その人のことばになっていかない。生き物にならない。

これからはまったくちがうものさしをもって生きていくことが求められる。そういう時代に今、自分たちが生きているのならば、熱量と同時にスキマのあることばを届けていくこと。そしてそれこそが自分たちの仕事だと思います。[※2]

※1　「三つの密（密閉、密集、密接）を避けましょう」。この標語、すでになつかしさを覚えるのは私だけでしょうか。

※2　もちろん、それだけが出版社の仕事ではありませんが、ことばだけで生き、生かされている職業です。部数だけで見ればほんの僅《わず》かかもしれませんが、同時代に生きる人たちのことばの豊かさ（あるいは貧しさ）は自分たちにかかっている。そのことばは、いうまでもなく、その人の思考や行動まで司《つかさど》ることもある。そのことを自覚することは、どれほどしても足りないはずです。

ないようである、あるようでない

二〇二二年一月三十一日（日）　第三二号

本年二月末、星野概念さんの単著デビュー作、『ないようである、かもしれない』が出ます。精神科医である概念さんの本自体、あるようでない一冊になりました。それは、ここまで押し付けない、断定しない本は、古今東西なかったのでは、と思うからです。奇跡的なばかりに押し付けない文章がつづきます。それを読み進めるうちに、こちらもガードを知らず知らずのうちに、ゆるめてしまう。というか力みや気合いがほどけていく。そうして、はたと気づきました。

心の病にかぎらず生きていれば、苦しさ辛さは感じるものです。その原因の一部は、「ないようである」と「あるようでない」をとらえちがいしていることにある気がしたのです。たとえば、日々のくらしで微生物は「ない」と感じて、生きがちですが、「ある」。逆に、「みんながこう思っている」と思いがちな、〝圧〟や〝空気〟といったものは「ない」。「会社へは毎日通わなければならない」といった〝空気〟はコロナ禍で崩れました。「ある」と思っていたものが、「ない」ことになったわけです。ここで気をつけないといけないのは、「会社は通わなくていい」という正解が、「ある」としてしまわないこと。これらにかぎらず、一つの「ある」が、あるのではなく、状況や職種などに応じてうつろいゆく。

「ある」のは大きな正解やルールや基準ではなく、微生物をはじめとする、「ちいさい」ほう。そのちゃんと「ある」ほうの声を聴いていきたいものです。

耕し、種を蒔きつつ

二〇二一年二月二十八日（日）　第三三号

もうすぐ、一年が経とうとしています。皆さまにサポーターになっていただき、もうすぐ一年。ふりかえれば、昨年四月末は、世間同様、ミシマ社も緊急事態でした。文字通り、資金が底をつき、アイデアがどれほどあっても、それらがどれほどおもしろくとも、どうしようもない。あのとき、サポーターの方々がいてくれたからこそ、乗り切ることができました。どんなに感謝してもしきれぬ思いです。このことは何度書いても書き足りません。

いまもこうして、活動をつづける機会をいただき、心より感謝しております。こう活動できることは、とてもありがたいことなのだと、痛感しております。こうして乗り切ったいま、同時に喜びがこみあげてくるのも事実です。というのも、たんに乗り切ったのではなく、題名の通り、「耕し、種を蒔《ま》きつつ」の日々であったからです。オンライン事業MSLive!や、電子書籍のスタートはもちろん、倉庫会社を、小口発送用に新たに増やしたり、資金繰り表を、初めてつくったり（いまごろかい！）、『ちゃぶ台』をリニューアルしたり※、編集のやり方を変えてみたり（いつかお伝えします）、わかりやすい変化から微生物レベルのものまで、いくつもを同時並行でおこなえました。こうした流れができたのも、メンバーがしっかり動いてくれたからに他なりません。どこかで会う機会がありましたらぜひほめてやってください！「たいへんやったろ」とこっそり言いつつ。

※　デザイン、判型を一新、刊行ペースは年一から年二へ。それだけでなく、「ミシマ社の雑誌」と銘打っていたのを、「生活者のための総合雑誌」と謳うようになったのも、大きな変化の現れととらえています。

変わるを楽しむ

二〇二一年三月三十一日（水） 第三四号

三月末に満開を迎えた桜は、入学式のおこなわれる四月六、七日にはすっかり散ってしまっています。花見で宴会ができないのはコロナ対策のためですが、入学式に桜がないのは、地球の温暖化のせいでしょう。千年以上前から日本の先人は、桜の移ろいに自らを託してきましたが、桜一つとっても、その関係性は大きく変わらざるをえない、ように思われます。少なくとも桜と入学式を結びつけて、思い出すようなことは、もうない……。

これを悲しい、さびしい、ととらえれば、たしかにそうかもしれません。けれど、この変化には、新しい可能性が、宿っているはず。たとえば、縄文のころ（まだ桜がなかったかと思いますが）縄文人たちは、木々、花々を眺め、私たちとまったくちがう何かを感じていたにちがいない。それは何か？　現時点では想像もつかない。〝それ〟に近づける絶好の機会になるかもしれません。

実際、この一年で食との付き合い方も大いに変わりました。黙食という言葉はあまり明るい気持ちにはなりませんが、ただ、いま、口にする食事そのものにしっかり向き合う機会にはなった。言い換えれば、人との対話は減りましたが、料理との対話は格段にふえました。それは新たな喜びを私にもたらしてくれています。

きっと本づくりも大きく変わっていくのでしょう。どう変わるかはいまのところわかりません。どうであれ、楽しんでいこうと思います。その過程をこの紙面やこれからでる本たちから感じていただければ幸いです。皆さまのご多幸を願ってやみません。

四年目のごあいさつ

ふれる、もれる、すくわれる

二〇二一年四月三十日（金）　第三五号

サポーターの皆さま、お元気ですか？　どうかご無事でお元気で。祈るような気持ちで筆をとっております。私たちは幸い、全員、元気で日々を送っています。これを書いているのは、『ちゃぶ台7』の校了を、終えた翌日。年二回の刊行となり、初めて春に編集をおこなった『ちゃぶ台』の上、ならぬ、なかにいる気分です。

タイトルに掲げた「ふれる、もれる、すくわれる」[※1]が、本号の特集なのであります。『ちゃぶ台7』にふれ、どっぷり浸かり、思い入れはあふれ、もれ、いまやすっかり巣くわれの身……。今号は入社したてのスミも制作に関わってくれました。まさに、雑誌づくりに「ふれ」たわけです。

二十二年前、私も人生初の仕事にふれました。いまこうしてミシマ社という場で働いているのも、二十二年前にふれた経験があったから。あのときのファーストタッチ、ファーストコンタクトは、はっきりいまもおぼえています。ちなみにそれはとてもとても苦いものでしたが……。[※2]

ところで、どうして、あのときふれることができたのか？　最近になってようやくわかったのですが、先輩たちが仕事をもらしてくれたからにほかなりません。だってどう考えても、先輩方が手を動かすほうがうまくいくことばかりでしたから。抱えこんで、もらしてくれなかったら、私はずっと触れられないままでした（あな、おそろしや）。まあ必死で掬《すく》おうとはしましたが。

今回の『ちゃぶ台7』の制作過程では、かなり「もれ」たのを、新人スミは、見事に掬ってくれた。それで大いに救われました。感謝です。

こうした循環を可能にしてくれるサポーターの皆さんの「もれ」にも心から御礼申し上げます。いつもありがとうございます。

※1　こうして通しで読み返してみて気づくことは多いです。よく似たタイトルをけっこうつけていますね……。きっと、このサポーター新聞は、自分のなかのそのときの脳内がだだもれの場なんですね。

※2　新人の三カ月、飛びこみ営業の部署に配属されました。月刊誌の年間購読を百部単位で契約してこい。こういう指令に、右も左もわからぬ、電話の出かたも、かけかたもままならぬ若僧が挑んでいた。先制パンチに打ちのめされる日々でした。

一冊！取引所

二〇二一年五月三十一日（月）第三六号

先日、講談社ら大手三社と丸紅が、「出版流通」を改革する新会社をたちあげると発表しました。表向き、トーハン、日販に代わって、「取次」を始めるのではない、とのこと。しかし、裏では、新しい取次をめざしているのでは？ついに、大手出版社も取次をみかぎったのか？　いったい何が起きるのか？……などとつい根拠なき憶測に走りがちですが、業界全体の流れが良くなるようにと願うばかりです。

もちろん、これでもう安心、ということではまったくありません。むしろ小出版社や本のもつ多様性にとっては、危機がより高まる可能性があります。なぜならその規模感の流通会社を維持しようとすれば、まずはベストセラーの効率的な配本を実現することになるでしょう。現取次で起こっているミスマッチをなくすことから、始めざるをえない。けれど、多品種小ロットの本たちは、どうなるのか？　いま以上に、流通しにくくなる。この事態は十分に考えられます。それだけに、「一冊！取引所」が果たす役割は大きい。大きな流通が本格稼働する前に、ちいさい出版社や書店のための「自分たち仕様」の血の通ったシステムを、定着させられているか。現時点では、サービススタートから、一年経ち、まだ赤字がつづいています。現在、私も無給で本サービスの定着へ向け、日々動いております。※何卒、応援賜れば幸いです。

※　一冊！取引所を運営する母体会社は、株式会社一冊（当初、㈱カランタ。二〇二一年一月に現社名）です。二〇二一年十月より私が代表をつとめることになりました。

きしししし

二〇二一年六月三十日（水）第三七号

　さて、このタイトルを見て何を想像されましたか？　たとえば、食べ物を思い浮かべられた方、なかなかに想像力が豊かですね。すばらしいです。たしかに、きしめんの一種にありそうです。あるいは、おかしの名前とか。キシリトールの清涼感に加え、おかしみが味にのった絶妙な風味。こんな名前の和菓子があれば、お抹茶と一緒にいただきたいものです。私自身は笑い声と思っていました。この言葉、先ほどミシマ社からでた絵本『てがみがきたな きしししし』※からきておりますが、著者の網代《あじろ》幸介さんによれば、笑い声ではない、とのこと。では何か？　先ごろのMSLive!「絵本できたな きしししし」（網代さん、編集・筒井大介さん、デザイン・大島依提亜さん）でさらりとおっしゃっていたのでした。

「ゆかがきしむ音です」

筒井さん、大島さんも、画面越しのこっち側にいる私たちも、「え〜」と声をあげました。作者にしかわからぬこと。案外、制作をやっているチーム内にもあるものだなと思った次第。ところで、このイベントのなかで、網代さんが、「十六歳まで人形遊びをしてたんです。自分でもこれ以上は、やばいと思ってやめました」（そして絵を描くことへ関心を向けた）と告白。絵本作家という人のもつピュアさにきゅんとなりました。

※　この絵本の印刷所は、京都にあるサンエムカラーさん。創業者である会長さんがとにかく熱く、この絵本でも、たまたま印刷立ち会いのとき通りがかった会長さんのハートに火がつき、自ら指揮をとり、渾身の「刷色」を実現してくださったのでした。

サマー※

二〇二一年七月三十一日（土）第三八号

暑い日々がつづきます。皆さま、いかがお過ごしでしょうか。

京都は毎年、残暑と言われて、久しいですが、今年はいつにもまして……と言いたい暑さです。朝八時の日差しが、半端ありません。今朝、ゴミ出しをしているだけで、くらくらとしてきました。皆さんも、十分、十二分にご注意してお過ごしくださいませ。

そんな夏に、ミシマ社は「サマーキャンプ」を開いています。ただし屋外ではなく、オンラインMSLive!の一環として。これを書いている、今日（8月2日）は、「こどもとおとなのサマーキャンプ二〇二一」の第一クール（7月31日、8月1日）の五講座を終えた翌日であります。そして、いまだキャンプの余韻に浸っております。心地いい疲労とともに。キャンプのテーマを、「この夏、もれよう」としたのですが、いま、まさに五人（組）の講師の方々のことばや動作を反芻《はんすう》するうちに、それらが「もれ」でようとしています。その「もれ」をひろい、すくいあげたく身体が実践を欲しています。絵本、料理、野菜をつくり、生きものたちと遊び、自分の地図をかく。屋内にいながら、こうしたことを習慣化、日常化していくきっかけを得ることができ、自社イベントながら、「最高～」と思っております。あらためて、講師の先生方に感謝したく思います。おかげさまで、暑い暑い夏に成長できました。夏の終わりに、自信をもって言えそうです。

※ 昨年も「サマー」と題して書いていましたね。これまでサポーター新聞のタイトルは、毎回ちがうものにしよう、と思ってきました。なのに……。このときは、初めてつけるタイトルだと完全に思いこんでいました。

ミラクル

二〇二一年八月三十一日（火）　第三九号

この十月にミシマ社は創業十五周年を迎えます。

先日、急に思いついて、「そうだ、記念ロゴをつくろう」とミシマ社ロゴの生みの親・寄藤文平さんのもとを訪ねました。すると、「うん……難しいなあ」と言いつつ、サラサラと手が動いていきます。そして、「できた！」と見せていただいたロゴには、「ＭＩＲＡＣＬＥ」の文字が。ＭＩＳＨＩＭＡＳＨＡかと思いきや、Ｍだけが一緒でさりげなく、ミラクルとなっていたのでした。※

ミラクルかあ……。たしかに、十五年こうして続いてきたなんて、奇跡以外の何ものでもないよな。思い返せば、十五年前のこの時期、一年後、どうなっているかなんて、まったく想像つかなかった。手持ちの資金だけで、始めた会社。どう考えても、一年もつとは思えなかった……。

それがいまもつづいている——。この事実を奇跡と呼ばずして、何を？　そうとらえて、素直にこの「ミラクル」を受け取ることにしました。もちろん自分たちの存在をそのように思っているわけではありません。いま、この瞬間も出版活動をおこなえている。その奇跡です。

けっして当然ではない。日々あることのありがたさに思いを寄せつつ、十五周年ロゴがいよいよ来月から各方面で活躍することになります。サポーターの皆さんにも、可愛がってもらえるとうれしいかぎりです。この十五周年ロゴは、サポーターの皆さんとともに、ありますから。

最大のミラクルは、ミシマ社の出版活動が自分たちの手をはなれ、サポーターの方々とおこなえていること。そのことに思い至ると、力がみなぎってきます!!

※これがそのロゴです。

思いがけず

二〇二一年九月三十日（木）　第四〇号

十五周年を迎えることとなりました。この間、支えてくださったすべての方々、とりわけサポーターの皆さまには感謝の気持ちでいっぱいです。本当にありがとうございます。これからも何卒、よろしくお願い申し上げます。前回のこの欄ではロゴと絡めて奇跡〔ミラクル〕としか言いようがないと書きました。何の保証もなく、続いてきたことに対してそう言ったわけです。

それは、思いがけず、というほかないようにも思います。思いがけず十五年も経ったなあと。そして奇しくもちょうどこのタイミングでるのが、中島岳志著『思いがけず利他』なのです。

中島さんはこの本のなかで、利他とは、「自らの計らいを超えて、向こうからやってくる」と書いています。これと同じようなことを、藤原辰史さんは、『縁食論』で、「もれる」が自治につながると指摘されています。つまり、自分の意志をはなれ、もれ、あふれるからこそ、自ずと治るのだ、と。

たしかに。少なくともミシマ社にかぎっては、思いがけずおもしろい原稿が次々にやってきて、刊行でき、何だかおもしろいことに、どんどんなっている。そんな気がしてなりません。その一つが『思いがけず利他』と同時刊となる『その農地、私が買います』。実家の農地が太陽光パネルになってしまう。それを止めたい一心で、思いがけず、「農地を買う」と言ってしまった高橋久美子さん。さあ、そこから高橋さんの奮闘が始まる！　読み始めたらページをくる手が止まらなくなります。

思いがけずは連鎖しますね。

風がぬける

二〇二一年十月三十一日（日）　第四一号

新幹線に乗るときは、ノイズキャンセリングのイヤフォンをします。けっこう騒音って、疲れるんですよね。それでふだんよりしっかりかりめに耳に栓をするのですが、うっかり乗車後もつけたままのことがたまにあります。

数時間前がまさにそうでした。在来線から東横線に乗り換えるため、歩いている途中に、ふいに気になり、イヤフォンを外しました。その瞬間――。しゅーっと音がして、風が私の頭のなかを横切っていきました。何これ!?　えもいわれぬ、爽快感。たしかに風がぬけていった!!

風と言えば、わが家の小二の男の子（八歳）。先日、「道徳」の教科書にこんな問題があり、解答していました。

（ストーリー要約）

ふたりの子どもがいがみ合っている。お互いゆずらずケンカに。やがて、双方ともに、少しずつ、相手のことを思い、ゆずりあう。そのとき、ふたりの間に風が吹いてきて、ふたりは気持ちいいと感じた。

（問い）

ふたりはなぜ気持ちいいと感じたのでしょう。


息子の答え「あついから」。毎日、びっくりするほど本を読む彼は、けれど、少しでも、〝道徳〟〝教訓〟臭がすると、それを感知して読むことすらしません。この解答に「見事」と感じいった私は、先の爽快感の理由も、自らに言いきかせてるのです。あついから。耳のなかがとてもあつくなっていたから、と。

手の倫理

二〇二一年一一月三十日（火）　第四二号

わが家の幼稚園児（最近六歳になりました）、風呂からでると、ぬれたまま部屋を歩こうとする。そうなる前にささっとふきとるのが私の役目。先日、ふきおえた次男をつかまえたまま、「さ、保湿、保湿」と乾燥しがちな息子の肌にぬってやろうと、クリームを洗面台から、手早くとりだしました。クリームを指先につけ、手の平で伸ばしてっと……おや、なんだかいつもとちがう。ふだんより手に指にくっついてくる。チューブのなかでかたまってたのかな。まあ、いい。身体が冷えないうちに、ぬらないと。そうしてやたらと〝コシ〟のあるクリームを背中にぬった。えらく白っぽいなあと思いつつ。

五分後、妻が風呂からあがってきて、「クリームぬってくれた?」と訊くので、「うん」と答えた。そのとたん、「え……！　これぬったん??」と次男坊の横に置いてたチューブを指差す。「うん」。「え、これハミガキ粉やん！」「えええー!!」と子たち。「お父ちゃんにハミガキ粉ぬられた」と大騒ぎ。

後日、小二の長男は、そのことを学校の作文に書きました。「おとうとが、ハミガキ粉をぬられました。（略）おもしろかったです」。

手の倫理

わが家の幼稚園児（最近6歳
呂から出るとぬれたまま部屋を
とさっとふきとり、「さ、保湿
がちな息子の肌に塗ってやっ
洗面台のから手早くとり出す
指先につけ、手の平でのばし

やっぱり手は正しかった。ちゃんと最初の時点でおかしいと感じていた。まちがったのは、脳のほう。うむ。

ところで本欄の字の汚さは、どっちのせいか。すべては手のなせるわざ……？

目標

二〇二一年十二月三十一日（金）　第四三号

「目標は会社を大きくしないことです」。創業期、ミシマ社にまだ私ひとりしかいなかったころ、初めて受けた取材でこう答えました。当時の意識としては、「会社の成功＝大きくなる」という図式に抗《あらが》いたがっていたのでしょう。ずいぶん、力みがあったな、と思います。若かったです。と言いつつも、ある直感があのころから働いていたような気がしないでもありません。

その直感とは、会社は放っておいたら、大きくなろうとする、というもの。十五年経った現在、あながち間違っていなかったととらえています。事実、納税を促す法律のもと、会社の維持のために利益を多くださせるように、はかられているわけです。これは会社を始めて数年内に気づくことですが、相当意識的に大きくしないでおこうと気をつけねば、大きくなることが「正解」となりかねません。そっちへ流されるのがふつうなのでしょう。

一方で、現時点で、ミシマ社には一四名がいます。おいおいと思われたでしょうか。大きくしているやん、と。

はい、とうなずきつつ、私の思いを申し上げると、かなりがんばって、おさえてきた結果です。いい本をつくりつづけ、届けつづける。著者、書店、読者、そして業界のもっている課題。こうした全方位の期待に少しでも、少しずつでも、応えていくために必要な最低限の人数です。一つひとつに時間をかけた仕事をしていくための――。

（つづく）

サポーター

二〇二二年一月三十一日（月）　第四四号

先月の本欄では、「目標」と題して、「会社を大きくしないでいよう」と意識してきた、と書きました。そして、最後に（つづく）と記しました。あれからひと月が経ち、あのとき、何を（つづく）のあとに、つづけようとしていたか。まったく思い出せない。たしかにこの題名で書きたいことがあったのですが。

一つだけはっきり覚えているのが、サポーターの方々のことを書きたかった。前回、「業界のもっている課題に少しでも、少しずつでも応えていきたい」と申しました。そのための最低限の人数で、運営している、とも。

そうなんです。業界の課題の一つに、門戸の狭さがあります。つまり出版の仕事をしたいと思っても、ほとんど受け皿がないのです。結果、業界の新陳代謝の悪さをもたらし、全体で地盤沈下していっている。この流れを少しでも変えていきたい。そう強く思い、やせ我慢ながらも過去十年、七名の採用をしてきました。この新聞を担当しているヤマダが二年目、先日、MSLive! のMCを初めてつとめたスミは、一年目。着実に成長してくれています。もちろん出版の仕事がある程度、主体的にできるようになるまでには、時間がかかります※。その時間を惜しんで、採用の門を各社閉じているのだと思います。けど、若い人の成長は未来への希望。その希望の灯を点けることができているのは、一〇〇パーセントサポーターの方々がいるからです。深謝。

※　新卒であれ中途であれ、ミシマ社のように業界の慣習の外で、根本から新しいことをやっていこうとする会社であれば、仕事の基本を覚えるだけで三年はかかるでしょう。裏を返せば、経営的な数字だけを見れば、三年

は、会社にとって投資の期間となる。リターンは早くて四年後。ちいさな会社にとって、その期間はけっして短いものではありません。が、それを先行者がやってくれていなかったら、二十数年前、二十歳そこそこの自分が、この仕事に出会い、救われることはなかった。あの時代、偶然うけとった恩恵を自分の代でとどめてはいけない。そう思ってしまう以上、やせがまんするほうが、むしろストレスレス。とやせがまんして思ってしまうのです。

圧倒的動的

二〇二二年二月二十八日（月）第四五号

二〇二一年度最後の「サポーター新聞」です。一年間、支えていただき、本当にありがとうございました。今号で実際にラストとなる方々もおられます。「継続しない」理由に、「送ってもらった本や新聞をすべて読めなくて、申し訳なく」と書いてくださった方が複数いました。それを読み、「ご、ごめんなさい」と思うと同時に、「読まなくても十分！　そんなこと気にならないでください」と叫びたい気持ちになりました。サポーターになってくださっている、その事実だけで大いなる力をいただいています。どれほど大いなるかは本紙の活動量をご覧賜れば、瞭然かと。正直、ここにあるのは一部です。もう思いきりあふれております。

圧倒的動的集団。最近、自分でも思い始めました。というのも、私が代表をつとめる別会社（（株）一冊と改名しました）で補助金の申請をしたところ、書類不備で五回も（！）さし戻されました。詳細は省きますが、「こんな細かい、どうでもええこと、気にするんやー」の連続。裏を返せば、ミシマ社では、そんなこと気にしてたら、注意される（逆に……）ことばかり。「そこ気にして、何かオモロいこと起こるの！」と。まあそれだけ「おもしろい」だけに向かっていけるのは、サポーターの皆さんがいてくれたからこそ。重ね重ね、この一年、ありがとうございました。そして、どういうかたちであれ※、これからもよろしくお願い申し上げます。

※書店へ行く。それだけで、十分、大きな応援です。まして本を手にし、買ってくださることがあれば、それは、とてつもない大きなサポートであります。

五年目のごあいさつ

新と初

二〇二二年四月三十日（土）　第四六号

四月からのミシマ社は、「新」がつづきます。新卒の新人が同時に二名、加わりました。もちろん、ミシマ社では「初」のこと。これに伴い、初めて新人研修をしました。営業、編集、仕掛け屋、MSLive! などデジタル事業。この四チームの仕事内容を各リーダー、現場監督が説明しました。ちなみに、リーダーは自由が丘と京都に一名ずつ（ホシノ、ハセガワ）、現場監督は各チームにひとり、中堅メンバーが担当。こう書くと、ミシマ社もずいぶん会社っぽくなったのぉ〜、と思われるかもしれません。たしかにそうですね。なにせ、ミシマ社はれっきとした株式会社なのですから※。

ただし、これまでの会社組織とちょっとちがうのは、役職は地位や上下関係を意味しないことです。ポジションと責任量、この二つに応じたものです。「全員全チーム」で運営するミシマ社は、サッカーで言えばトータルサッカーをめざしています。それを可能にするには、右ウィングを任されたなら、それができるようになるのがまずは大切ですが、ひとりでも、中盤全体、バック全体を俯瞰し、さっとポジションを広げられる人がでてこないといけない。ひとり、そういう人がでてくると、チームの動きが見事に立体的になってきます。つまり、リーダーや現場監督は、硬直した上下の関係ではなく、動的な活動を常にもたらすための存在です。その実現を支えるのが、「新」と「初」。そして、サポーターの存在だと思っています。

※　拙著『計画と無計画のあいだ』の一文です。

なるとする

二〇二二年五月三十一日（火）　第四七号

「〇〇日までに書いてください」

先日、入社一カ月ちょっとの新人さんから、この新聞の用紙を受けとりました。「あ、はい」と返答しつつ、新鮮だなあ、と思わずにいられませんでした。というのも、過去二年、本紙の担当はヤマダくんでした。彼に依頼されるたび、「あ、は〜い」と、何といいましょうか、あまりやる気がでてこないのでした。今回は、うってかわって、「おし、しめきり守るぞ」とテンション高めに臨んでおります。

そのヤマダくん。よくわかりませんが、トイレのかぎを閉めません。京都オフィスには一つしかないので、何度か女性メンバーが戸を開けると、ヤマダくんがそこに立って用を足していることがあったそうです。そしてある日、怒声が一軒家をゆるがせました。

「ふざけんなああああああーーーー!!!!」

返す言葉もありません。

さて。人は変われるのでしょうか?

それを考える前に一つ。うちの小三の息子が「将来何になりたいですか?」と学校で問われたようです。やや不満げな息子がぼそっとつぶやく。

「何になるってなんなん? 何にもならへん。ぼくはぼくやから」

たしかに。「何になりたいか?」

この問いの背景には、「何か別のものにならなければいけない」という前提が隠れています。変態願望、とでも言いましょうか。

何かを「する」ことはあっても、「なる」は必ずしも要らないのかもしれません。同様に、先の問いも不要なものに思えてきました。変わらなくていい。

ただ、する。[※] それでいいじゃない、と思うこのごろです。

※　本コーナーで以前「小さく変わりつづける」を謳いました。これは、言い換えれば、「する」をしつづけるということになりそうです。変わることが目的ではなく、しつづける。その結果、あるとき気づけば、変化している。アオムシがチョウになるように。ヤマダくんもいつか変態することでしょう。ヘンタイに、ではなく。

プロジェクト

二〇二二年六月三十日（木）　第四八号

半年かけて袴《はかま》をつくる。念願の袴。それがついに来月完成する。そう考えるだけでドキドキが止まらない。そして、いよいよ先方の仕上がりを見に行こうとする前日、予期せぬことが発覚する。このプロジェクトを担当している者が発注していたのは、袴ではなく浴衣《ゆかた》だった……。

そんなことってあるのでしょうか？

ある。たしかにあるのです。断言できます。なぜなら、いま、まさに私が直面しているからです。むろん、対象は袴ではありませんが。

六月下旬、ミシマ社が十五年間、細々とつづけてきた書店さんへの直取引を、他社の方々にも使ってもらえるようになります。株式会社一冊と連携し、自社の本しか乗らなかったルートに他社の本が乗って流れる「一冊！クラブ」というサービスを始めるのです。長年、希望してもらったこのルート。そのたびお断りし、忸怩《じくじ》たる思いを抱いてきた案件。その積年の課題が動きだす。

第一弾はバリューブックス・パブリッシングさんという新しい出版社が参加されます。このめでたい事態を前に、根本をゆるがすような事実が判明しました。それは、担当のモリくんと私との間で、条件面の認識がまったくちがったのです。外部の方との認識がズレるのはあっても、内部とはまさか……。どうなる、このプロジェクト！

（つづく）

ミス

二〇二二年七月三十一日（日）第四九号

前号を（つづく）と締めたため、つづきを書かなければなりません。が、ご想像のとおり、何を書こうとしていたか、まったくおぼえていない。というか、それからのひと月あまりがとてつもなく激動でした。

いえ、「一冊！・クラブ」は無事スタートできたのです。念願と前回申したプロジェクトは、ギリギリのところで頓挫《とんざ》せずに済みました。私とモリくんとに横たわる溝を埋めることができたわけです。その過程で、経理チームのアキコさん、サトウさんが大活躍。毎月のお金の流れから丁寧にレクチャーしてくれ、そうした流れを維持するためにも、なぜミスをしてはいけないか、がついに共有されるに至りました。そうです。裏を返せば、モリくんをはじめとする中堅どころのメンバーは、平気でミスをくり返していたのでした。何度も、何度も……。「わ~またやっちゃった~」てな感じで。

むろん、これを「自由」な職場と呼んではいけません。無責任な仕事、と言うがふさわしいでしょう。そして、そうした一切の責任は私にあるわけです。どうも私は、甘いのでしょう。いつか本人たちが自覚して、いい仕事ができるようになる。そう信じる。としてきたわけで……。

冒頭で「激動」と記したのは、この間、弩級《どきゅう》のミスが二つありました。ふり返っても、いま、会社が存続できているのがふしぎなほど。サポーターの方々の支えがあったからこそ、という以外に理由が見つかりません。いつか、その中身を笑って話せるときが来ますように(祈)。

ノーマスク

二〇二二年八月三十一日（水）　第五〇号

以前よく通った喫茶店へ一年ぶりに訪れた。これはそこで書いています。店に入るとき、「マスクの着用をお願いします」とスタッフの方に言われ「もってないです」と返答すると、「えっ」と一瞬おどろかれたようにも思えた。（いえ、このあいだ、コロナになったので感染もしないし、させることもありませんので）、とこう言おうかとも思ったが、やめた。店には店の方針がある。もとより、それを尊重したい。それぞれの方針、やり方を変えさせる。なんてことは、まったく望んではいないのだ。もちろん、感染拡大をおさえたいのは言うまでもない。

ただ……。

大人がもっと積極的にマスクを外していかないと、子どもたちがかわいそう。

子たちにのしかかる同調圧力、これが大きくなりすぎない、重くなりすぎないようにすることは、大人の大きな役割だと思うのです。そのためには、例外を多くする。私はいま、意識的に町の例外役〝へんなおじさん〟を実践していると言えます。というのも、コロナから二年経った現在も、給食は黙食。わが家の小三児曰く、「笑うときは、マスクせな、おこられるねん」。マスクをつけてから笑う。もはや、それってウソ笑いでは？〝マスク強制〟によって子たちは何を失ったか？　もっと活発に論じられていいと思います。

とはいえ、この状態を嘆いたり、行政のせいにしていても現実が変わるわけではありません。ひとりの行動はささやかでしかない。けれど、そのひとりの例外が希望にならないともかぎらない。忘れてはならないのが、自分の正義をふりかざさないこと。自分が正解だと思わないこと。その上で、できるだけ私は〝例外〟でありつづけたいのです。むろん、求められればすぐにつけます。笑う前には間に合わなくとも。

夏の終わり

二〇二二年九月三十日（金）　第五一号

お盆。五山の送り火。八月はいつにもまして、死者たちへの思いを馳せることが多い。たまたま、同時に、二冊の遺稿集を出しました。偶然、私たちが手がけることになり、偶然この時期に発刊となったのです。いまとなっては、そうなるべくしてなったような気さえします。

ところで、遺稿集の著者お二人は、ミシマ社サポーターに大いに関係があります。『つたなさの方へ』（ちいさいミシマ社刊）の那須耕介さんは、二〇一七年から闘病生活に入るまでの数年、サポーターになってくださっていました。詳しくは、ミシマガに書いたもの（「那須さんとの永遠の本づくり」）をご高覧いただけると幸いです。[※1] もう一冊、『小田嶋隆のコラムの向こう側』の著者は、タイトルにある通り。その小田嶋さんがサポーターであったわけではないですが、毎年、奥さまが「小田嶋さんには内緒で」と言って、なってくださっていました。いまごろ、サポーターやってたのかー、と苦笑されているかもしれない。

生前二年分のコラムを読み直し一八本を厳選して一冊にした。その過程で、小田嶋さんの変化を感じました。たとえば、明らかに以前より嫌酒を強調されている。ジェンダーへの言及も格段に増えた。こうした変化を含む、小田嶋さんのみずみずしさが、そのままの保存状態で一冊に収まりました。ページをめくれば、いつでも〝最新〟の小田嶋さんに会える。そのことに、あらためて驚いています。[※2]

一冊にするという役目を終えたことで、心おきなく、小田嶋さんとの時間を送れるようになった。場所、身体という制約から解放された小田嶋さんは、ときどき、すぐそばに現れる。たとえば、お酒の席などに。そして、誰にともなく、語られるのだ。「酒はロクなもんじゃありませんよ」。コロナ以降、めっきりお酒が弱くなったのは、ステイホームばかりのせいではない気がしてなりません。

※1　みんなのミシマガジン「那須さんとの永遠の本づくり」二〇二二年八月二十六日公開
https://www.mishimaga.com/books/chiisai-chousen/004587.html

※2　小田嶋さんとの思い出と「向こう側」というタイトルについては、『mal"03　特集　小田嶋隆』に寄稿した「小田嶋隆さんとつくった『コラムの向こう側』」をご高覧いただけるとうれしいです。

17

二〇二二年十月三十一日（月）　第五二号

本年十月一日、ミシマ社は創業十六周年を迎えました。いまは、十七年目の日々を歩んでいます。人間で言えば、十六歳。数えで十七歳です。ちなみに私は、三十一歳でつくった会社なので、今年で四十七歳。このサポーター新聞を、人生で初めて、老眼鏡なるものをかけて、書いています。いやぁ、よく見えます。この一年ほど、焦点がぼやけた状態で、書いていたものでした。勘で。

それにしても、十七歳のころって暗かった。ちょっと思い返すだけでも、暗さしかよみがえってきません。青春のきらめき。なんてものは皆無です。一体、なぜ？　何がミシマクニヒロに起きていたのか??　校則だらけの仏教系男子校にいたからではありません（じゃあ言うなよ）。一つは、子どもでもない、大人でもない、わが身体と精神の情況に苦しんでいたのはあるでしょう。もう一つは、貧しさが醸しだす空気にやられていた。うさぎ小屋みたいなちいさな自宅の一階で自営業を営んでいたわが家は、バブル経済崩壊のあおりをもろに受けていました。というのは、いまだからわかることで、当時は、ただどんよりとした空気が淀んでいた。その重く、鈍い空気を取り払う力もなく、悶々《もんもん》とする他なかった。貧しさは、それ自体が苦しいわけではなく、その状態によって周りが生む無言の諸々がしんどいのだ。ということを、後に、主体的に無職になったり、旅人になったりしたときに痛感しました。

貧乏は、むしろ楽しかった。自分で望んでそうあるとき、失うものがない分、〝最高の〟日々を送れるのだ。と、いまは思います。

ところで今回は、十六、十七歳から現在に至るまで、さまざまな年齢の自分が登場しますね。事実、いろんな年代の「私」がいるのでしょう。問題は、適切なタイミングで顔をださないこと。何かわからないとき、新人のようになって訊ねればいい。のにできない。視界がぼやけてきたときに、十七歳がしゃしゃりでる。老眼鏡？　僕が？　ふんと鼻で笑う。そんなことを考えた、十七歳のさわやかな朝。※

※　この号を書いたとき意識にのぼっていたものは何か？　さまざまな年代の自分がいるのに、適切なタイミングででてくるわけではない。そう思った具体的な何かがあったはずなのに、いまとなってはまったく思いだせないのです。どひゃあ。

ぼけ

二〇二二年十一月三十日（水）第五三号

近ごろ、「ぼけと編集」ということを考えています。編集者にもっとも必要な資質は「ぼけ」なのではないか。あるいは、ぼけがたちあがるとき、編集の仕事が自ずと駆動する。もちろん、伊藤亜紗さん、村瀬孝生さんの傑作・往復書簡『ぼけと利他』を受けての着想です。発刊前は、「ぼけと編集」が結びついているとまったく思っていなかったのですが、じわりじわりと、この着想が実を結んできました。実際、そう思って読み直すと――。「わかったつもり」になってしまう場面でも、ぼけのあるお年寄りが相手だと「わかったつもり」にすらたどり着けない場面が増えることになる（伊藤 四頁）。（ぼけを抱えると）時間と空間の見当が覚束《おぼつか》なくなる。（略）概念から社会をとらえるのではなく、生身の実感から世界をとらえるようになる（村瀬二一九頁）。

　どうでしょう？　編集の仕事とは？　を説明しているとしか思えない内容です。事実、著者と編集者の打ち合わせで、編集側が「わかったつもり」になったとたん、そこですべてが止まる。逆にほへ？　という表情が自然とでたときなど、双方の間に理解の差、ズレがあると著者側が認識。その差やズレを埋めるべく、まったく別の回路を使って思考しだす。結果、思ってもいなかった「おもしろい」に出会える。編集者をしていると幾度となく、こうした瞬間にたちあってきました。企画者である編集者が「生身の実感」から企画をたてるのは当然です。これほど「ぼけと編集」は相性がいい。

　とはいえ、時間と空間の見当が覚束なくなって、一冊のかたちになるのか？　と問われれば、答えはノー。さすがに無理です。タイムキーパーをする、ものとしての本を仕上げる、いずれの要素も編集の重要な役割。そこには技術も欠かせません。

　ただ、そうした技術や能力（頭の良さ、論理性など）をどれほど鍛えても、「おもしろい」には辿りつかない。「ぼけ」や那須耕介さんの言う「つたなさ」に向かって全身ダイブしないかぎり。

　そういえば、創業期、「ミシマ社の編集方針は〝アホ〟です！」とブログに書いた（何を思ったのか）。すると、尊敬してやまないある方から「私の本はアホですか？」と訊かれた。アホは、私ひとり……。

商売

二〇二二年十二月三十一日（土）　第五四号

「これが商売の基本やで」。メンバーに言ったとたん、はっとした。商売、と言った。この僕が……。子どものころ、父が「商売」と言うたび、いやでいやでしょうがなかったというのに。いまや、平然とわが口をついてでる。帯の卸《おろし》という古い、古い仕事を営む会社に丁稚《でっち》から勤めた父は、僕が小学生になってすぐ独立し、自宅で「商売」をしていました。当然、プライベートなんてものはなくなります。僕の遊び場だった空間には、じょじょに、反物が積み上げられ、夕食の時間は、家族団欒《だんらん》なんてものとはほど遠い、明日の資金繰りの話し合いへと変わっていきました。そういう状況下、ときどき僕が不平を言うと、「商売や」と父はひとこと返すのが常でした。商売と言えば、すべてまかり通る。水戸黄門における印籠、C教における中世の免罪符のように。その理不尽さを憎んだものでした。

あれから、三、四十年が経ち、自分がこの言葉を使うようになっている。ふしぎなことに、そのたび、父がここにこめていた意味が立ち現れてくるのです。ああ、得意先に絶対、迷惑をかけない。納期、支払い、もちろん商品の中身も。少々無理なオーダーがきても、必ず応える。なぜならそれが商売だから。商売は、信頼の積み重ねと同義だから。一度、崩してしまうと、十年積み上げた信頼も一瞬でなくなるのだから。

独立してまもなく心臓を患い、手術をし、術後安静にしなければならないときも働いていた父。「商売やから」。まったく理解できず、ただやきもきしていた自分。それが、商売の名のもと、自分を育てるためであったことを、ようやくわかるようになりました。先日、サポーターでもある瑞泉寺の中川住職に、父の七回忌の法要をおこなっていただき、手を合わせました。

企業多様性

二〇二三年一月三十一日（火）　第五五号

「私は死にそう。助けて」。『惑う星』（リチャード・パワーズ）の少年ロビンは、動物たちの命を守るため、プラカードにそのような言葉を書いて、議会のそばに立ちます。しかし、大人たちは無関心、無視。生物多様性、動植物の生存権、こうした訴えは、経済活動を最優先にする大人たちにはなかなか届かない。それでも、放置すれば絶滅種は増すばかり。大人たちの理解を待っていては手遅れになる。とにかく法整備を進め、法的にしばる。それにより、最悪は回避する。こうした動きは、当然必要ですし、有効だと思います。ただし。法律で定められた基準が「絶対」ではない。むろん、それに抵触さえしていなければ「いい」というわけでもない。法律は、該当する事態をこれ以上悪くしないための一時的措置にすぎない。では、根本的な解決には何が必要か？　と言えば、一人ひとりの感覚が変わっていくこと。少年が心から、痛みを感じて訴えている、その感覚に近いものをもてるようになること。けれど、その道のりは遠い。

そこでふいに思いついたのが、「企業多様性」でした。

大人たちが重視する経済活動、それを担う会社たち。それらの多様性を尊重する。そこからまずは始めてはどうだろうか？　企業活動を見る視点が、「ブラックかホワイトか」「いいか、悪いか」だけではあまりに貧しい。実際、環境問題に関心の高い学生と接しているときでさえ、その人が「あそこはブラックだから」と一刀両断するのを耳にすることがある。自然界の多様性は求めながら、人間界のほうは、そんなに白黒キッパリ、二極化させていいの？　おそらく私たちは、自分たちの経済活動を担う会社について語る言葉さえもちあわせていない。会社の多様性を尊重することは、自然、生き物のそれを尊重することに直結していく。きっと。

3

ああ、これかも……！

濃い時間

驚いた。

第2章のゲラを読み終え、たいへんに驚いている。

二日前、第1章のゲラに赤字を入れた。そのとき、この一文を追加した。

「自身の会社が特異なやり方だけではないかたちで変化していきたい」

ところが、第2章の後半、「なるとする」（二〇二一年五月三十一日）でこう書いているではないか。

「変わらなくていい」（一六五頁）

変わらなければならないのではなかったのか。五年分の「ごあいさつの記録」を読み返しながら、変わるヒントを探りたい。こう自ら書いて、テキストをふりかえったのだった。そうして見つけた一文が、変わらなくていい、である。

二〇二三年二月十五日、場所は福岡市の中心部。天草、福岡で連日、開催した松村圭一郎さん『小さき者たちの』発刊記念イベントを終えた翌朝のことである。僕は、岡山へ戻る松村さんを見送ったあと、ゲラを読み終え、宿で呆然《ぼうぜん》とした。

変わらなくていいのか。とすれば、この本の冒頭で掲げた「おもしろいを実現しつづけるために必要な変化は？」という問いは、成り立たない？　つまりは、本書も不成立？

いや。とひとり首を振る。ああ、ダメかも、と思ったら最後、そのままその流れに飲まれてしまう。ちょっとくらいの強がりはときに必要だし、それで動くこともある。

もっとも、このときは、虚勢をはるわけでなく、たしかに大丈夫と感じていた。それはきっと、二泊三日で過ごした天草、福岡の時間があまりに濃いものであったことと無関係でない。

濃い時間。

たしかに、この二日を「濃かった」と感じていたのだ。その濃さは自分のなかに残り、支えとなった。塩湖にわが身が浮く感じとでも言おうか。時間の密度が増し、濃度が増すと、その時間でできた何かがわが身を包みこむ。と書いたところで、意味わからん、とつっこまれそうだが、ともかくたいへん濃い時間が連続した。

その詳細はいずれ触れることになるだろうが、今になって実感するのは、熱さと濃さは別ものだということ。私のばあい、創業期から十年目ほどまでは、熱量という表現を使うことが多かった。比べて、濃さ、濃度を意識することは少なかったように思う。

一冊入魂。そのことばには、一冊に自分がもっている最大限の熱量をこめるという意味を宿した。もちろんそれは今も変わらない。ただ、込めた熱量を一冊に使い果たし、次へのエネルギーが欠如することもたびたびあった。それでは打ち上げ花火、年に一度の季節行事になってしまう。むしろ自分たちの仕事は、闇夜を毎夜照らす街灯のようなものだろう。

仕上がるまで終わらないデザイン講座

福岡から戻った二日後、時間の濃さがさらに増す経験が訪れる。二月十七日十七時開始、「仕上がるまで終わらない！　寄藤文平と営業スガの時間無制限デザイン講座」。第2章で何度か登場したスガくんが、デザインに初挑戦する。『ここだけのミシマ社』という、今私が書いている本書の姉妹版にあたる一冊（サポーター限定の非売品）を、スガくんがデザインすることになった。その経緯については、イベントの前日に書いた「まえがき」の後半に私はこう記している。

どんな一冊になるのかは、これを書いている今はまだまったくわかりません。

というのも、なんと、本書の本文レイアウト・そして表紙まわりのデザインをミシマ社営業チームのホープ・スガくんがおこなうのです。もちろん、人生初デザイン。たぶん、本文レイアウトの意味もわかっていないと思います。

おいおい、とサポーターのみなさんでさえ、そうお感じになったことでしょう。そんなど素人にいきなりデザインさせるなんて無理だろ、あんたいくらなんでも無茶振りしすぎでしょ、と。

おっしゃる通りです。私とてそう思います。

当初、デザインは仕掛け屋リーダーのハセガワが担当する予定でした。で、せっかくなので、ミシマ社ロゴマークの産みの親・寄藤文平さんに、公開講座で教わりながらデザインを決めましょう、と社内で盛り上がりました。寄藤さんにそのことを相談すると、「出演するのはいいですけど、ハセガワさんに教えることは何もないですよ」「うーん、スガくんが生徒役ならありかも」とのこと。

なるほど、と勢いのままに企画したのが、MSLive!「仕上がるまで終わらない！　寄藤文平と営業スガの時間無制限デザイン講座」です。

本講座の告知文に寄藤さんは、「たとえスガくんがデザイン初めてだからって、デザインされる本にとって、そんなの関係ありませんからね。きちんと仕上がるまでやりましょう。」とことばを寄せてくださいました。

実は、このまえがきをこの講座の前日に私は書いています。内心、どうなるのか、と不安でいっぱいです。

あとがきは、満面の笑みを浮かべながら、こう言っていたいなぁ、と祈るばかりです。

ほら、ものすごくおもしろい一冊ができたでしょ。まえがきで言ったことが実現しましたね、と。

当日、私は京都オフィスからオンラインで冒頭だけ出演し、あとは、寄藤さんとスガくんの二人にお任せするつもりでいた。

ところが、寄藤さんは、「この本を企画したミシマさんに今からヒアリングしたいです」と言ったのだった。

たしかに、この講座の打ち合わせの際、寄藤さんは、「読む」「本文設計」「装丁デザイン」の三段階に分けておこなうことを提案されていた。

「デザイナーがテキストを読むというとき、まずは、その本をどういうものにしたいかを把握するところから始まります。ですので、それを企画した人へのヒアリングは欠かせないのです」

こう言われると、私としても答えないわけにはいかない。

「そもそもミシマさんは、なぜ、この本をつくろうと思ったのですか?」

のっけからのけぞってしまった。ことばに窮する。

「えーっと、正直、あまり考えてなかったです」

は？　という表情が一瞬、寄藤さんの顔に浮かんだように思えたが、それをのみこみ、寄藤さんはつづけた。

「とはいえ。とはいえ、ですよ。ミシマさんのなかで、この本をつくろう、そうするのがいい、と何か思うものがあったから、企画したわけですよね」

「まあ……ええ」

こうして活字にしてみると、なんとも恥ずかしい。いったい自分はなんなのだ、本当に編集者か、と思えてくる。これではただのアホではないか。まあ、アホなのだろう。

「ちょっと質問を変えます」、そう言って寄藤さんは、「この本をサポーターの人にプレゼントするんですよね？」と尋ねた。

「はい」

「そもそも、なぜ、毎年何百の人たちがミシマ社のサポーターになるんでしょう?」

そう聞かれた私は即答した。「それはサポーターに訊いてください」

まったくどうかしている。まるで考えなしではないか。

「いや、ミシマさんが募集しているわけですよね。どうして集まってくれるか、考えるでしょ、ふつう」

もっともである。

と思いつつ私はつづけた。

「僕がサポーターだとしたら、で言いますと」

「いえいえ、主宰者でしょ」と苦笑する寄藤さん。

「そうなんです。そうなんですけど、サポーター視点で考えるとですね、僕なら、めちゃおもろい! 何が起こるかわからない、このおもしろさ! そう感じると思います」

失笑しつつ寄藤さんは、「わかりました。では、この本がサポーターに届いたときどう思ってほしいんですか?」と質問を変えた。

「どう……?」

実際のところ、考えたこともなかった。喜んでくれるにちがいない。当然のようにそう思っていたのだ。

「届いたら、きっと、何これ!? って思うんじゃないですか。手にとって、何が伝わればいいと思っていますか?」

「そうですね、うん、全部ミシマ社! そう、そうです。本はふつう、著者名があって、編集者や出版社が前に出ることはあまりないですが、今度届く本は、うわー、全部ミシマ社や、と感じてもらえたらうれしいです」

「なるほど、わかりました」

えっ、わかったんだ。

我ながら、拙《つたな》いにもほどがある。この受け答えを経て、わかった、とデザイナーは言う。寄藤さんとの仕事のたびその超人のようなキャッチ力に驚くのだが、この日の驚きは、尋常ではなかった。さらに、この一時間弱のヒアリングにとどまらず、私のひどい回答を終始、手がかりとして、本文設計、装丁デザインを寄藤さんとスガくんが探っていくことなる。予告通り、仕上がるまで終わらない、時間無制限で。

結局、十七時に始まった講座は、日をまたぎ、深夜一時過ぎに終わりを迎える。まるでそうなることが約束されていたかのような見事な着地を果たして。

この日、結果的に、オンラインで八時間超のイベントをおこなうことになった。リアルタイムで、創作、アイデア練り、工作、ドローイング、思考、対話、こうした一つひとつが丁寧に進行した。そうして、私の拙いことばが結実していった。

画面越しに、時間の濃度が可視化された。そんな八時間だった。

一般論の罪

九州から戻ってまもないタイミングで、公立の小学校に通う子をもつ母親と話す機会があった。

「小三の子が涙を目に浮かべて帰ってきたんです。どうしたの? と訊くと、ボロボロと大粒の涙を流して抱きついてきて」「体がとても熱いので熱を測ると、三九度。少し落ち着いてから子どもが少しずつ話すのを聞いて、正直、怒りがこみ上げてきました」「お昼ごろから子どもはしんどかったそうです。鼻がつまり息をするのもやっと。ようやく帰れると思った放課後、『居残りで宿題をやりなさい』と言われた。『息しにくい』と言っても、先生は『マスクを外していいから』と言うだけで、そのまま勉強させた」「その日の夜、熱は四○度を超えました」

幸い、翌日には熱は下がった。コロナやインフルエンザでもなかったという。

しかし、一歩間違えば、生徒の明らかにしんどそうな様子を無視して居残りを強要した先生の対応は、大問題になった可能性がある。子どもが無事であった。それをもって、「よかった」と済ますわけにはいかない。問題として表面化したときは、手遅れなのだ。

ひどい。怒りとともに「それはひどい」と私が言うと、その母親は「私もそう思って文句を言おうと思ったんです。けど、やめました」と言った。

こういうとき、「ひどさ」をすべて先生のせいにしてしまいがちだ。実際、先生個人の問題も大いにあるだろう。訴えると、先生は何らかの処分を受ける可能性だってある。けれど、「現場の先生の問題にばかりしていたら、ダメだと思って」と母親はつづけた。

たしかに、先生たちの精神疾患による長期休暇はどんどん増えているようだ。長時間労働なども指摘されている。先生たちの余裕のない対応を、先生個人の資質にだけ求めるのは無理があるのかもしれない。

子どもの学力を伸ばそう。

この一般論を背景に、文科省あるいは教育庁は、先生たちに「学力向上」を指示。結果、先生たちは必死になって「カリキュラムをこなす」。

その延長上に、起こった一つの事例だろう。こなすことが目的となり、子ども一人ひとりを見る、その声を聞く、つまりケアする。教育の根本を置いてけぼりにして、結果だけを合わそうとするから、こうなるのだ。

では、これは文科省の問題なのか?

もちろん、その罪は大きいだろう。同時に、こうも思う。これは、私たち一人ひとりの問題でもある、と。

なぜなら、「子どもの学力を伸ばしましょう」と言われて、反発する人は多くないのではないだろうか? 学力がすべてではない。とはいえ、学力伸長それ自体に反対なわけではない。そうした意見が大半を占めているとすれば、「子どもの学力を伸ばそう」は一般論であると言える。こうした世間の総意を背景に、文科省などの判断はある。

つまり、自分たちの不断の、普段の判断が、巡りめぐって、子どもたちへ突き刺さってくる。私たちに刺さってくる。いいことも悪いことも。

その意味で、ことばはブーメランである。

「先生に言わないことにしました」。最後にボソッと言った母親のことばの持つ意味は重い。

大と小はちがうのに

なにも教育だけの話ではない。どこでも起こることだ。

むろん、自社とて例外ではない。

たとえば、創業以来、掲げてきた「一冊入魂」ということば。一冊に、思いを込める、その熱量を下げずに届ける。ただこれだけのことだ。この「ただこれだけ」を愚直にやりたい。そう思って掲げたわけだが、裏を返せば、その実践と継続はあえて掲げないといけないほどにむずかしいとも言える。

実際、営業の現場ではこういうことが起こりやすい。ミシマ社も会社である以上、売上目標を立てる。が、なかには、その数字を達成することそれ自体が目標になってしまう者もいる。結果、一冊入魂どころか、かたちだけの営業になったり。

一冊への理解が全然足りないまま、書店員さんに案内してしまう。そういうことのないよう、業界水準と比べて、社員数に対する年間刊行点数を三分の一ほどにおさえている。編集だけでなく、営業メンバー全員がゲラを読み込み、内容、特長、書店、読者との接点などを吟味し、把握した上で営業をおこなう。一貫して、そうしたいと思いつづけてきた。が、その通りに現場と共有するのは簡単ではない。ときにかたちだけになってしまうことがある。実力不足と、数字への囚われ、どちらか、あるいはいずれもの理由が考えられよう。

また、経営を担う立場で言えば、次のような一般論に、常にさらされざるをえない。

給料は上げましょう。

労働時間はできるだけ少なく。

社員に有休消化を、産休を、育休を。

福利厚生の制度をととのえよう。

一人ひとりが尊重される職場環境を。

などなど。もちろんすべてが、現代社会では当たり前とされている。よく心得ているし、そうありたいとも思う。

一方で、読者の方々から、「これからもおもしろい本を待ってます」と言っていただく。その声には応えるのが当然で、事業継続はそれなしにはありえない。だから、なんとしても応える。

経済界、個人、国、自治体から、お客、同僚、取引会社まで……全方位から寄せられる一般論の圧やら希望やら、すべてに応えつつ、自分たちの会社の肝であること（自社のばあい「おもしろい」）を貫く。

いま、日本中のちいさな組織の責任者たちは、この両者を同時に達成することを求められている。

だが、果たして、そんなことは可能なのだろうか？

そもそも無理なのではないのか。

ちょうど『おそるおそる育休』（西靖《にしやすし》著）という本が出ようとしているが（この文を書いている時点）、自社で育休取得が可能なのかどうか、わからないでいる。

労働者の権利なのは問題ない。当事者には休業手当もはいる。が、会社（自営業者、フリーランス含む）には補償がない。対象者が抜けた期間の売上の補塡《ほてん》もなければ、時限的人の補充なんかもない。残ったメンバーで変わらぬ量の仕事をし、売上を下げない。むしろ、売上をあげ、経済的余裕をつくる。それが経営者の責任ですよ、と暗黙で語られる。大企業であれば、もっともであろう。けれど、ちいさな組織、とりわけ自分たちのような零細企業がそうした正論に巻きこまれていって、会社を維持できるのだろうか。

ちいさな組織を、少人数で運営しているのである。以前、小出版社のことを小舟に例えた。五百人、千人を乗せ、機械エンジンで運行する大型船、巨艦と比して、小舟は人力による。人数ギリギリで運用されるのがほとんどだ。もし、十人の組織で産休・育休で一人欠けるとする。その人の仕事を残りの九人で補いながら、動く。とはならず、実際こういうとき、仕事のできる一人か二人の負担となる。結果的に、仕事のできる少数の人たちの超過労働は強化されざるをえない。それを避けるため人を補充すれば、戻ってきたときに待っているのは人数超過。十人乗りの船に十一人、十二人乗るのは、千人乗りに一人、二人増えるのとは、訳がちがう。

この現実。

こうした現実のもと、ちいさな組織において、育休取得はどうしたら可能になるのか。

おそらく、日本中の零細企業で同じことが言えるだろう。

これまでは、解決不能に思われる葛藤のなか、自社では、少しずつ船のサイズを大きくするという選択を取ってきたように思う。思う、と書いたのは、そうはっきり意識して選択してきたわけではないからだ。

「目標」（一五四頁）で会社を大きくしないのが目標だと書いた。それは、創業間もないころから、小舟に人が増えていくことの危うさを直感していたからだろう。一方で、人数が増えていった現状に対して、「全方位の期待に少しでも、少しずつでも、応えていくために必要な最低限の人数です」と書いている。増やすのも危険、少ないままではしんどい。どっちに転んでも、たいへんなのだ。

一般論と実態とのズレはつきまとい、葛藤は尽きない。

大鉈を振るう勿れ

おもしろいことに（とつい思ってしまう自分がいるのだが）、問題の解決はないなか、尽きない理由だけがはっきりしている。

大企業で通用する論理や手法を、下々の私たちにまで、つまり全体にまで当てはめようとしているからだ。お上《かみ》が決めたこと、のひとことのもとに。

「お、お上よ、殺生《せっしょう》なぁ〜」である。

ドラマに出てくるようなおでん屋台が、オフィス街のど真ん中にあった。四条烏丸近くの「因幡薬師」の門前で60年以上営業していたが、1月下旬に幕を閉じた。道路使用許可を得ていたが昨秋になって突然、警察に条件違反を指摘され、撤去を求められたという。（「凡語」・「京都新聞」二〇二三年三月六日より）

屋台と大型チェーン店居酒屋での営業基準を一律に適用しようとすれば、こうならざるをえない。条件違反が何を指すかはわからないが、おそらく衛生基準などが満たされていなかったと思われる。私が子どものころの屋台では、鉢を洗うといっても、水桶《みずおけ》にパッと浸けるだけだった。それを不潔と感じる人はそもそも行かない。逆に言えば、行ってはならぬ。先の新聞では、「無機質なビル街に古都の風情を醸し出す舞台装置のような存在だった」とあるが、その良さを知る人だけが行く場である。しかし、それが今や成り立たない。

京都錦《にしき》市場で漬物屋を営むバッキー井上さんから昨年、聞いた話も同じだ。

「ミシマくん、京都の街の漬物屋さん、ばんばんなくなるで。これまで届出制やったんが許可制になって。たとえば、玄関から調理場に行けるのはあかんとか、町家でやってはったお店とか、お金かけて改装工事せなあかんやろ。衛生基準なんかも、こういう手順で、こういう条件をクリアした漬物以外は、販売したらあかんとか。そんなん、工場しか無理やん。年配のおとうさん、おかあさんがこぢんまりとやってはる、ちいさな漬物屋さん、いっぱい廃業しはるで」

外食産業たるもの衛生基準はカクカクシカジカを満たすべし。

この一般論が小さきものたちを押し流す。

そして、くりかえすが、これは警察や行政や国家だけが問題なのではない。普段からこうした一般論を支持しないまでも、鵜呑《うの》みにしている私たち一人ひとりの判断が、屋台を、町の漬物屋さんの存在を、「あかん」ものにする。

警察に指摘されたと記事にはあるが、お客のひとりが警察に告げた可能性も否定できない。そこまでではなくとも、衛生基準を屋台からチェーン店まで一律に求めてしまう私たちの感性が、個別対応をとりつづける胆力を個人や組織から奪っている。記事における「警察」は、あなたかもしれない、私かもしれないのだ。

ちいさなもの、弱きものに向かって、一般論という大鉈《おおなた》をふりまわせば、一瞬にしてそれらは薙《な》ぎ倒される。むろん、その大鉈は、「食中毒になったらどうするの？　弱いのは私たち消費者のほうなんですよ」という正論によって正当化される。

この無間《むげん》地獄の状況下、いったい、どうすればいいのだろう？

それがわからないのである。

「おもしろい」の畑に種を蒔く

わからないながらに、考えてはいた。九州に行く前の時点で、次のようなところまでは考えが至っていた。

畑と結界。この二つの視点から解のヒントが見つかる気がする。

この数年、自社の本づくりを畑に例えることが多い。この例えに至った背景には、二〇一五年の『ちゃぶ台』創刊以来、周防大島に通い、農家さんたちと接するようになったことがある。なかでも宮田正樹さんとの出会いは、決定的だった。

二〇一三年に山口県の本州側から島へ移住した宮田さんは、自然農法による農業を始める。耕作放棄地となっていた土地を自ら開墾し、年々、少しずつ畑を増やしておられる。一反一反、畑が増えていく様は、少しずつ作風を広げていく作家さんの姿にも重なる。

開墾の際は、できるかぎり機械を使わず、人力で藪《やぶ》を切り拓く。それにより、肥《こ》えた土の状態を壊さずに、肥えたまま生かすことができる。開墾し、畝《うね》をつくり、畑になる。その過程に要する労力は想像を絶する。「いやぁ、たいへんでした」と日に焼けた顔を皺《しわ》にして宮田さんは、

「けど、いちど、手間暇かけて（畑を）つくってしまえば、あとは土が野菜を

育ててくれるんです」

と語った。

農薬を使えば収穫量や品質などは安定するかもしれないが、土そのものは傷みやすい。だから、収穫後、一年はその畑を休ませる必要がある。そういう話をときどき耳にするが、宮田さんの畑は、毎年植えて、収穫しても土は痩《や》せない。

土本来の力を生かすやり方をとれば、野菜は勝手に育ってくれます。

宮田さんの言外のことばから僕は勝手に、そういうメッセージを受け取っている。

周防大島の農家さんたちと接するなかで、気づけば、出版社である自分たちに置き換えることが習性になった。たとえば、僕たちの仕事も、宮田さんの土づくりに似ているのではないか。とつい思ってしまう。「思いたい」という願望が思わせるのだろうけど。

自分たちの土に、企画という種や苗を植える。それらがやがて、一冊になる。もちろん、土には農薬は使わない。促成栽培のための促進剤なぞは、もちろんお断り。

環境と対話しながら、作物が土のなかで育つのをじっと待つ。

宮田さんのばあい、肥料は冬場に伐採し、チップにした竹クズであったり、海藻を干したものを使ったり。地元の素材から自らつくった肥料を使っておられる。

僕たちでいえば、肥料に当たるのは、関わっている人たちの「声」かもしれない。編集者の声は言うまでもないが、編集と営業のメンバー全員が入っておこなうタイトル会議での声であったり、書店員さんから営業メンバーがうかがう声であったり、「次も楽しみにしている」などと言ってくださるサポーターさんの声であったり、読者はがきに書かれた声だったり。こうしたさまざまな声がミシマ社という畑の土を肥沃《ひよく》にしてくれる。

逆に言えば、肥沃を阻害するもの、土を痩せさせるものには気をつけなければいけない。

自分たちのめざす自然農を実現するためには、畑に入れてはいけないものがある。

土地を痩せさせる強い農薬であったり、ひどいばあいは、野菜を死滅させる物質であったり。そうしたものを入れないための結界が要る。

もちろん、農薬自体を否定するつもりはない。それぞれの農法があって然《しか》るべきと思う。ただ、自然農法でいくのなら、それにあう肥料や手法を採用する必要がある。多様であるとは、なんでもありを指すわけでない。

ちなみに、僕個人は、コンビニの食品もファーストフードもたまに食べる。わが家の子たちも大好きだ。同時に、無農薬で育てる農家さんから直接、お野菜を買い、旬のもの、季節のものを積極的に食べてもいる。それはそれ。ここにも、二つの現実がある。

ともあれ。

宮田さんの土から育つ野菜がおいしいものであるように、ミシマ社の畑から生まれる一冊もおもしろいものでありますように。

そのような気持ちで、この数年は編集をしている。

九州での濃い時間を過ごす前、ざっくりとここまでは考えていた。

低空飛行、雷に打たれる

九州、デザイン講座での濃い時間から数週間が経ち、こう思いはじめた。

ものづくりと経営をごっちゃにしすぎていた――。

本づくりと土づくりを重ねてみるまではよかった。一般論に流されないものづくりの一つのやり方として、自然農のようにおこなう。それは、たしかにありだろう。

だからといって、それで継続性が担保されるわけではない。

おいしいものをつくること、それが即「売れる」に直結するわけではないのだ。

いいもの、おいしいもの、すてきなもの、そうしたものをつくっているところや、売っているお店は、世に数多《あまた》ある。だが、実際には、そのすべてが繁盛しているわけではなく、いいものをつくり、売っているからといって経営がうまくいくとはかぎらない。

自分たちでいえば、「おもしろい」をつくり、届けつづけることが仕事である。

そのためには、「おもしろい」を生む土壌が欠かせない。ものづくりにおける、絶対不可欠なものとして。

ただし、経営を成り立たせるには、それだけでは不十分。

では、どうすればいいのか。

これがわからなかったのである。それで、悶々としていたのである。

そんなもがきの真っ最中の九州出張の二日目、福岡のブックスキューブリック箱崎店で雷に打たれたような出来事があった。


村瀬孝生さんとの出会いだ。

村瀬さんは、『ぼけと利他』の共著者の一人であり、「宅老所よりあい」の代表をつとめておられる。この日は、松村圭一郎さんとの対談相手として来店された。じっさいにお会いするのは初めてだった。

対談前、松村さんが席をはずした五分ほどのあいだ、雑談する機会があった。ほどなく、ちいさな組織を維持することの困難とおもしろさへと話は急展開した。まるで僕の関心がそこにあることを察知されたかのように。そうして村瀬さんは、ぼそっと言ったのだ。

「自転車操業がいいんですよね」

えっ、という表情を瞬間したように思う。わずかにうなずく仕草をされた村瀬さんは、とつとつとことばをつづけられた。

「自分の体で漕いだ分だけ進む。それでいい。それしかないと思うんです」

ああ、そうか……そうだ、それだ！

自分のなかで価値軸が根っこから揺さぶられた。

人的にも経済的にも余裕をつくらないといけない。それ以外に解決はない。どこかでずっとそう思っていた。だから、「自転車操業」の響きにネガティブなものを感じていたのは否めない。

大きくしないと言いつつ、人が増えたのも、自分のなかの怖《おそ》れや焦りがあったからだろう。それは、一般論に合うものでないといけないという怖れや焦りであった。

第1章で僕は、こう書いている。

「これまでと違うやり方で変わらなければいけない」

しかも、変わり方が変わっていないという点で、大企業と同じではなかったか、とまで書いた。

しかし、問題はそこではなかったと今は思う。

そういえば、低空飛行ということばを第1章でも使っている。

低空飛行とはいえ、それは機械エンジンによる運行だ。自身の身体を使って進むわけではない。

結局のところ、過剰に一般論へ引っ張られていたのだろう。一般論の圧を、実体以上に感じて怖れていたのだろう。

僕自身が、大と小をごっちゃにして考えていたため、こうした発想になっていた。そういうことだろう。

変わり方を変える必要があったのではない。変わり方が問題なのではない。

変わらないといけないのは、「大きい」を基準でつくられた一般論に合わそうとしてしまう思考自体だった。

つまり、僕はまだ一般論のこっち側にいた。

ジェット・エンジンは、もう要らない。

「おもしろい」考

二〇二三年二月二十八日（火）　第五六号

先月、「企業多様性」という表現を記しました。簡単に言えば、個人同様、会社の活動、あり方も個性を尊重してほしい、その会社を測るものさしは、多様であってほしい。そう切に思うのです。なぜならたとえばミシマ社のように「おもしろい」をつくり、届けることを使命とする会社のばあい、一般論やマジョリティに合わせてばかりいては成り立ちません。それでは、凡庸や無難が待つのみ。あるいは「売れる」は訪れるかもしれない。マジョリティが今、「おもしろい」と感じていることを当てにいく限りは。けれど、その「おもしろい」は後手のそれ。言い換えれば、検索可能なおもしろさです。パソコンの前にいて、見つけられるおもしろさです。ミシマ社で日々めざしている「おもしろい」とはちがう。つくり手である自分たちも、は〜、ひ〜、と驚いたり、へ〜、ほ〜となったり、は行の感嘆詞がもれる以外、ことばが出てこない。こうした未知なる「おもしろい」と出会い、かたちにし、お届けする。そうした仕事をしています。めざしています。

そのためには、むき身でいなければなりません。ある程度はそうでないと、ガチガチにガードをかためていては、「おもしろい」がやって来ませんから。ガードというのは、一般論やマジョリティに属す正しさを指します。そのガードを解除して、かつ、社会においての責任は果たす。

子どもの遊びとちがい、常に責任が伴う行為においてのむき身です。……いやあ、むずかしい。このきわめて困難な道をこれからも歩みたいと思います。一般論に流されることなく。わかってくださる人たちがいる。そのことを支えに。いつだってそういう人たちに出会うことができる。そう信じて閉じることなく。

素晴らしき哉、自転車

低空飛行、小舟を経て、ついに、自転車へとたどりつく。

自転車。そうだ、飛行機とも小舟とも決定的にちがう。何が？

飛行機とのちがいは、エネルギーの種類。オイルか人力か。

では、小舟との違いは？

それは、走る場所。

たしかに、小舟は水上を走り、自転車は地上をゆく。だが、それは運行場所のちがいであり、乗り物そのものの差異ではない。

一人乗り。

これだろう。

一人一台。二人乗りはたまにするかもしれないが、仕事で使うばあい、一人一台が基本である。

この乗り物は、自分の身体の延長上にある。ペダルを漕ぐことで動力が生まれる。ハンドルを切ることで方向の転換が起こる。体を傾けたほうへと曲がる。速度も、距離も、自分次第。

一人のメンバーが自身の身体を使って乗り、漕ぐ一台。そうした一台一台の自転車が集まり、会社が運営される。

畑でつくり、自転車で動かす

ものづくりは、畑。
会社運営は、自転車。
畑のほうは実践中であるが、自転車操業はまだ気づいたばかり。これから、日々、修正が必要だろう。

その最初にして最大の修正が、事業縮小である。ジェット・エンジンの道を断つとは、そういうことだろう。

今、たまたまだが、数人退社することになった。人を採用してきた。が、今回これまでなら、その人たちの仕事を補うため、人を採用してきた。が、今回は欠けたままにする。たぶん、こういう決断をしたのも初めてだ。

売上があがっているなかでの、縮小である。

これまでの私であれば、人を補充しないと、誰かが倍働くことになりかねない、それを避けるために採用を急がねば、と思ったにちがいない。

売上を維持しないといけない、そう思いこんでいたからだろう。

売上増、売上維持、この考えを捨てるときだ。

売上は下がってもかまわない。

売上維持のために人を補充する、この発想をやめる。

人が減る分、事業を減らす。

今いるメンバーで自転車を漕いでいく。それでいい。それがいいのだ。

「回復」（二二一頁）や「ゆるめる」（二二五頁）で書いたことを、コロナ下での期間限定の行為にとどめず、日常にしていく。「する」という足し算によって起こしてきた変化を、引き算による変化へとシフトするときがきた。

プロジェクトは微熱、会社仕事は平熱

ところで、自転車を漕ぐのはひとり。とすれば、会社を集団で自転車操業するとは、フリーランスの集まりになるということ？

こう問われれば、ちょっとちがう、と答える。

問うた方がイメージされたのはきっと、プロジェクトのようなものだろう。

プロジェクトごとに、フリーの人たちが集まって、一つの目標達成をめざす。

でも、たとえばミシマ社でいうと、ちいさな組織で複数人が働くのは、いい畑をみんなで一緒につくっているようなもの。そのような感覚がある。

つくる、届ける、仕掛ける、経理の仕事をする……。その前提として、自分たちが日々働く職場を掃除し、整える。会社のもつ情報や信頼性や技術といった共通資本のようなものを守り、共有する。それは、それぞれがそれぞれの身体を動かし走るのだが、走る方向は一緒であるからこそ、可能である。

プロジェクトは微熱、会社仕事は平熱。

あるいは、こうも言えるだろう。

プロジェクトはコーヒーとともに。会社仕事はときに鼻くそをほじりながら。まあ、余所《よそ》行きの態度ではいられないということだ。自転車をずっと、ずっと漕ぎつづけるのに、自分のいいところばかりを見せるなんてことはありえない。弱みや弱点を周りにも共有しながら、自転車をともに走らせる。それが、会社である。

その過程で、外部の人たちとさまざまなプロジェクトをともにする。それは、自転車では行けないところは、ときに車や特急電車、飛行機を使うのとすこし似ている。

地球環境を考えることと会社でどう働くかは同じ

こうした会社のあり方は、地球環境とのつきあい方にも合っているだろう。ややもすれば、ＳＤＧｓを掲げて、企業成長を目論《もくろ》む。それが当たり前のように横行する昨今である。「環境にやさしい取り組み」と言った口当たりの良い標語を商売道具にして、ジェット・エンジンを動かし、企業規模を維持・拡大。これが実態だ。

そうではなく、問われるべきは、操業の仕方である。「環境にやさしいことやってます」的記号を掲げることではない。ジェット・エンジンをやめ、「自転車操業」に切り替えること。そのほうが断然、環境にやさしいのだから。

もっとも、そうなるためにも、まずは、ちいさな会社で先に、自転車操業がちゃんと実現していることだろう。でないと説得力もないというものだ。

大企業とて、ちいさな組織の集積である。ならば、ちいさな会社や組織でうまくいったことから生まれたルールや規則を採用するほうがいいにちがいない。

ちいさな会社や組織で働こうとする人や、すでに働いている人たちには、

「これから、とてもおもしろくなりますよ！」

と言いたい。地球環境を考える。その実践を、日々の仕事の「あり方」を通じて自ら実践できるのだ。

そのためにも、大企業を変えれば社会は変わるという発想から抜け出ること。一般論によりかからず、どこまでも平熱でいること。

この実現のための第一歩が、経営層と現場を対立構造で捉えない。ここからだろう。どの立場であれそれぞれの現場で自転車を漕いでいく。自転車漕ぎと

いう点では何ら変わらない。責任の大小はあれど、責任を負うことで初めて主体的な仕事となる。そうして充実感や喜びが湧く。

自転車操業をしようとすれば、経営層も、現場も、皆が走者である。それは、解決しないといけない個々の問題も、同じだということ。一緒に、一つずつ、考え、試し、失敗したら撤回し、やり直し、少しずつ、解決へと近づいていく。こうした時間の積み重ねを大切にする集団だけが、自転車操業会社となりえる。

飛行機、新幹線といった大量のオイル、電力を消費する乗り物に乗るかのような、会社運営の仕方は、時代遅れなのだろう。働き方、会社のあり方、いずれの点においても過去の産物なのかもしれない。

お金にも実績にも、よりかからず

また、一時間あたりの、一日あたりの、一週間あたりの、といった単位あたりの生産量という発想そのものから抜けでること。これも大事な気がする。ひとりの仕事のなかには、時間の多層性がある。

自転車操業の世界では、人数の余裕、金銭の余裕より、時間の余裕をめざす。地位や肩書きや実績は大した意味をもたず、ただ、この瞬間、自転車を漕ぐこと。

これまでは将来の不安を減らす「よりどころ」として、安定した会社があった。あるいは、直接的にお金をよりどころにしていた。

お金をよりどころにするかぎり、どうしても、自身を消費者として扱わざるをえない。もちろん僕にもその要素は大いにある。ただし、全身消費者にならないように気をつけてはいる。全身消費者とは、ポイントで少しでも得してやろう、使える一般論は使ってやろう、という態度に疑念を持たないような人たちを指す。そこまで極端でないとしても、支払いとサービス享受が等価交換で起きるのが当然であるという感覚の持ち主という意味で使っている。

現時点で言えば、日本の大企業や行政の多くは、社員、現場の人たちをいち消費者と見なすほうへと向いている。だから、その大きな流れに身をおくほうが楽というのもわかる。消費者に足場をおくほうが、多数派でいられるのだから。その意味で、消費者体質からどうしても抜け出せない自覚があるばあい、ちいさな会社に入るのはよしたほうがいいかもしれない。

自転車操業が基本であるちいさな会社では、メンバー全員がそれぞれ漕いで進んだ合計分だけが、会社の稼ぎとなる。自分一人漕がなくても、あるいは逆方向へ漕ぐようなことをしても、成り立つ規模感ではない。

まずは自転車走者になる。そのための脚力、バランス感覚、体力、あらゆる点で、身体をつくらなければ始まらない。

もちろん、最初のうちは、身につくまでのあいだは待ってもらえる。けれど、ずっと消費者的態度、つまり、時間と労働との交換に、お金とサービスを得る、その感覚だけしかもてないなら、そこで働くのはむずかしいかもしれない。

地位、肩書き、実績という過去の遺産で生きたい人も同様だ。そういう人は集団から一人、大きく外れてしまう。自転車操業では、自分ひとりの動きで船が沈むことはない、なんてことはない。自分一人の動きが決定的に重要である。だからこそ、日々にハリも生まれる。


それぞれがそれぞれの脚力で、走る。ときにバラバラに。必ずしもずっと同じである必要はない。とはいえ、共通の方向に向かってはいて、大きくは目的を共有している。

それさえ満たしていれば、助け合い、支え合うことが可能だ。

何か問題が起きれば、そこにいる人たちで話し合う。自分たちの状況において、どういうやり方ができるか、その都度、探りながら、少しずつ、できることを増やしていく。それ以外に考えられないだろう。

誰かが長期で休んだとしても、そのまま走っていればいい。

そのまま、その仕事そのものがなくなるばあいもあれば、誰かが代わりをつとめることもある。あるいは、これから述べたいと思っている「時間をともだちにする」ことで、解決できることもあるにちがいない（GPT-4が一部を代替する可能性もあるが、今回はふれない）。人的欠如は、時間的余裕で補うという発想である。

時間をともだちにする

時間をともだちにする。

何だよ、それ?

そう思われたかもしれないが、誰しも、体感したことがあると思う。

たとえば、「ぼけ」を抱えた方が、ヨボヨボの体のまま、少女、少年の時間を生きる。その感覚は、ぼけを抱えていなくとも持っているはずだ。僕で言えば、子どもと軟球でキャッチボールをしていると、自分が小学校のころ、父親とキャッチボールをした姿が重なって感じられることがある。そのとき、まるで自分の父がここで投げているような感覚を受ける。何かの拍子に現出するそうした経験は、多くの人が思い至るのではないか。ぼけを抱えた方々は、そのスペシャリストと言える。

こうした体験は、何も生活のなかだけで起こるのではない。

仕事でも起こりうる。

僕でいうと、この数年、原稿を読み、小見出しをつけたり、帯コピーを考えたり、構成案をつくるとき、それが起こるようになった。二十数年前、新人時代に頭をかき、首をひねりながら、必死になって取り組んでいたころの自分の分身のようなものが、経験を加えた存在となって助けてくれているような感覚がある。「ジョジョの奇妙な冒険」の〝スタンド〟のようなものが、助けてくれているような感じと言おうか。その分身を「時間のともだち」と僕は思うようになった。

おそらく、鍵は、時間の流れを感じることだ。

時間の流れも川の流れのように一定ではない。同じ川でも、水面と川底、それぞれで全然ちがうし、その中間においてもちがう。速さ、水量、流れゆく角度と方向、厚み、深み、温度、すべてが異なる。魚たちはその差異を感知し、流れにまかせる、止まる、泳ぐ、餌をえる。それぞれの目的にふさわしい流れをつかんでいるのだろう。

人間とて同じ。

すくなくとも僕にとって、九州で過ごした最初の二日は、時計の針が示す四十八時間ではなかった。

川の流れ、時間の流れ

初日の夜。天草の「本屋と活版印刷所」でおこなわれた松村圭一郎&齋藤陽《はる》道《みち》対談は、自社にとっても初となる筆談（正確には、パソコンへ打ちこむ形式）の対談イベントであった。松村さんと聾《ろう》者である齋藤さんとのあいだで、その日初対面とは思えぬ盛り上がりが広がった。ただし、音声はほとんどない。タイピングする音だけが、ぎゅうぎゅうに入ったお客さんのいる空間に響く。

齋藤「いまも、聞こえる人も、聾者もみんな手話で話している島がある。そこにまつむらさんといきたいですねえ」

松村「行ってみたいです！」

こうした会話がいきいきと交わされた。文字が打ち込まれ、画面に映し出されるまで、お客さんや私たち運営者も、しずかに待つ。しかし、そうして待つ時間はけっして退屈なわけではない。音はなくとも、二人は活発に会話をしていた。無言のことばは確実にお客さんにもれでていた。空間に飛び交っていた。しずかなのに、ことばが行き交う。その豊かさたるや、スマホを漫然と見てはスワイプしているときの貧しさとは、雲泥《うんでい》の差。何重にも折り重なった時間が、あの日の場に心地よく流れていた。

村瀬さんがおっしゃった「自転車操業」にはもとより、計量可能な時計時間とはちがう流れが組み込まれている。認知症、つまり「ぼけ」の方々と日々接する。そこが職場である。十歳の少女に戻ってしまわれたおばあさん、戦争時の習慣をよみがえらせたおじいさん、こうした方々が、マジョリティ。すでに多層な時間を生きておられる方々との日常なのだ。村瀬さんの言う「自転車操業」に、多層で濃淡のある時間が入っているのは言うまでもない。

きっと、村瀬さんから「自転車操業しかないと思うのです」と言われたとき、私はすでに「濃い時間」のなかにいたのだろう。

それは前日の松村さん、齋藤さんとの豊かな時間からの一つの結実であったようにも思う。

時間は膨らむ。

いわゆる一時間を数時間分に濃くすることもできるのだ。

魚が川の流れを感じ、目的の行為をおこなうように、人間ももともと時間の流れを摑んで生きてきたにちがいない。けど、身近な例えで言えば、「一般的に睡眠は八時間は必要です」といった言葉をよりどころにするあまり、数時間しか寝ていないことで不安になる。今の、ここにいる自分にとってどうか、と問うことなく。体の声を聞くことをやめ、時間の流れを感じられない自分へと、自らを閉じ込める。一般論のこっち側に自ら留まろうとする。赤ん坊のころからずっと、そうあるのが正解であると「教育」された結果として。

けど、「時間のともだち」という存在が、いる、ある。そう感じられる人のもとへはちゃんと訪れるのだ。きっと。

時間の制約から解放されて

秒単位、分単位の切り刻まれた時間に使われるのではなく、濃淡のある時間の流れを摑み、泳ぐ。

自転車操業をするかぎり、さまざまな時間の制約から解放されていくだろうと思う。そうして、一時間あたりの費用対効果という発想をしていては永久に味わえない、おもしろい、思ってもないことが日々訪れる。そりゃそうだ。こうしたらこういうリターンがある。なんてふうにはなから考えないのだから。必然、定年という考えに囚われる必要もなくなるだろう。身体が動くかぎり、自転車を走らせられる範囲で、走ればいい。

そう思っていると、自分の体もケアするし、ずっと動かせる状態をめざすだろう。

フリーランスや自営業の人たちはそもそも皆そうだ。そのような生き方を会社で働く人たちもする、そういう時期が来ているのだろう。

念のため付言すると、新自由主義があおった孤立と孤独を助長する個人主義とはまったくちがう。フリーでやっていけるような地力のある主体性をもった個人、個人を前提に、新しい組織をつくり直していく。自転車操業のできる組織を自分たちでつくっていくのだ。

行政に一つ頼むとすれば、自転車操業を一個人としてつづけることができなかった人へ、手厚いセイフティネットを張ってほしい。

会社に対して担保してほしいのは、ちいさな組織が自転車操業をする自由と独立性。そして、そこから出てきた、いい塩梅《あんばい》のアイデアやルールを吸い上げて、一般論へも生かす柔軟性もあってほしい。まずはそれだ。

もちろん、これはごく個人の一つの実感にすぎない。実感にもとづくちょっとしたスケッチだ。

僕の意見即一般論、という発想こそが、おそろしいと言える。めざしたいのは、こうしたちいさな実践者たちの声がいっぱいいっぱいいたまり、あふれ出てくること。その先に、一般論の向こう側が見えてくる気がする。

一般論の向こう側

最後に。

売上が伸び、人手が足りないなか、事業を縮小し、売上増をめざさない。そう書いた。

これは、会社が伸びているなかでこそ、有効だと直感している。会社全体が落ち目のときは、慎重になるほうがいいだろう。なぜなら、落ち目の状態はすなわち勢いがないということで、そのときは人数でカバーするしかない。人数をかけ、フォローし、勢いが出るほうへ注力するほうがいいタイミングもある。その見極めは自転車を漕いでいれば自ずと感じられるにちがいない。

伸ばせるときは伸ばす。それがこれまでの一般論だろう。

伸びているときに、「ちいさい」をめざす。

一般論の向こう側にこそ、見るべきもの、探すべきものがあると今は思う。

最後の最後に。

結局、あなたのやろうとしていることは、特異の道を突っ走るということではないか、と思われたかもしれない。そしてそれは、一般性を失うことで、危険ではないか、と感じる人がいるとも想像する。

なるほど。だが、屋台や学校現場での本末転倒ぶりは見たとおりだ。一般性を優先しすぎたことで生じる不幸も多々ある。どちらも問題は起きるし、問題のない世界などない。

むしろ、マジョリティに一般性があるとしてしまうことで、息苦しい空間へと自分たちから自分たちを閉じこめてきた。その流れをこそ変えたい。

一般論はあらかじめあるのではない。自分たちの現実がつくる。いま、一般論と思われているものの向こう側にできた現実が、次の一般論になることだってある。だから、手間はかかるし、結局、傷つきまくるが、問題が出るたび、現状の一般論たちと向きあい、なんとかその先へと越えていきたいと思う。

畑でものをつくり、自転車で操業する。

その二つを同時にやりつづけるだけで、簡単ではないのだ。それを実践してなお、一般性に欠けると批判されたなら、もはや、それはしょうがない。もう、その時点でぼろぼろだ。

それでも今、ぼろぼろになって辿りついたこの道を歩んでいきたい。

確固たる答えではなくとも、おぼろげな温かな光をここに感じている。

喜び

二〇二三年三月三十一日（金）第五七号

これに尽きるなあ、としみじみ、思います。

十年前、どうしてミシマ社サポーター制を始めたか？　もちろん、私たちの出版活動を支えていただくため、であります。が、支援だけを求めていたわけではありません。紙の本が好き、ミシマ社のめざす「おもしろい」が何となく、おもしろそう。そのように思ったり、感じてくださっている方々へ、もっと近い距離で、私たちが感じている楽しいやおもしろいをお伝えしたい！

紙のすばらしさ、一冊を練りこんでいく過程、印刷・製本の豊かなバラエティ、そればかりか、出版社を運営していくことの機微、などなど、こうした自分たちしかふだんは知らない濃さがまだまだいっぱいある。実際、紙については、王子製紙さんに、印刷に関しては、あさひ高速印刷さんにサポートいただき、出版社でさえちゃんとわかっていなかった紙や印刷のことなども盛りこんできました。それもこれも、根っこの思いはただ一つ。サポーターの皆さんに喜んでもらいたい!!

これに尽きます。冒頭の通りです。

その視点にたち返ったとき、次々と反省の念が押し寄せてきます。もう、紙幅がないので、一つだけにしますが、サポーター特典を減らすと言ったのも、「プレゼントがほしくてサポーターになったわけではない」「欲しい本が送られてこなくて残念」など、両面のご意見をいただいたからでした。けれど、いざ通知すると、「何が届くか楽しみだった」というお声が、次々！　そうか、そうだったのか、とあらためて嬉しくもなりました。同時に、それなら続けよう！　と気持ちを新たにしました。なぜなら、喜びでつながっていたいから。この根っこをもう一度あたため直して、次へ向かおうと思います。

一度決めたことでも、ちがう声がでてきたら変えればいい。ゆれ動いていけばいい。単一の絶対的な答えがないなかで、それでも常に〝ひとつ〟を選ぶ。仕事をする、生きていくとは、このくりかえしにほかならない。

不安定で、おぼろげな、暫定的なひとつの結論。よりかかるには不安だし、正解にはほど遠い。けれど、信頼できる人たちに一度、預けて返ってきた解であるなら、その解を信じてみよう。

今、私はサポーター制の運営方法において、前言撤回したことに、できたことに、大きな喜びを感じています。

この一年、本当にありがとうございました。

あとがき

本文のなかで私はしばしば「新」ということばを使いました。毎日、人は生まれ変わることができるのだ。そうした思いが、このことばを私に使わせたのだろうと思います。

自身が使ってきたそのことばの意味を、今、この瞬間、ひしひしと実感しています。

本文の最後に書いたように、ミシマ社は、自転車操業会社へと生まれ変わりました。

昨日、一昨日（四月一日、二日）、そのスタートをいいかたちで切るため、自由が丘と京都の両オフィスのメンバーが一同に会し、合宿をおこないました。自然に囲まれた場所で、さまざまなことを話し合い、笑い、いっしょに食事をつくり、食べる。遊ぶ。こうした時間を共有し、ああ、ほんとうに新しい会社が誕生したのだな、と感じずにはいられませんでした。

これからの日々が、身体の奥底から楽しみでなりません。

本書はもともと、第2章「ごあいさつの記録」だけを集め、小冊子のような一冊にするつもりでした。ミシマ社サポーターの方々だけに宛てた「サポーター新聞ごあいさつ集」だったわけです。そのため、これはさすがに自社で出すしかない、と思っていました。自著はこれまで、他社の編集の方にお世話になり、その版元さんで出していただいてきたのですが、さすがに今回はむずかしい。それで、「ちいさいミシマ社」レーベルでの発刊はありだろうか、と社内で話してもらうことになりました。

その過程で、営業チームのイケハタくんからきびしい意見が飛び出します。懇意にしている書店員さんにヒアリングしたところ、サポーターさん向けのことばを集めたものなら商品にならないのではないか、無料で配るほうがいいのでは？　といったご意見をもらったようです。

たしかに。と思いました。その意見をふまえ、無料配布冊子にしようかとも考えました。ただ、そのことばを受けて初めて、この本はどういう一冊なのか？　について深度を下げて思いを馳せることができた。

すると、自分のなかに切実な問いが湧き上がってきました。

「おもしろい」をつづけていくために、今、自分が感じている危機をどうのり越えていけばいいか？

この問いを掲げたとき、いったんの答え、光、さらなる疑問、葛藤、暫定的回答、深まる謎……こうしたいっさいが渦を巻いて次々と私に訪れました。その過程を書き留めたのが第3章です。

第1章と第3章を書き下ろしたことで、結果的に、

・第1章　二〇〇六年から二〇一八年までのふりかえり

・第2章　本来、公開予定のなかった内向きの文章（ごあいさつ）の記録（五年分）
・第3章　二〇二三年一月から三月にかけて考えつづけた問いの軌跡
という、それぞれ文体のちがう三部構成となりました。

こうなったことで、自分のなかでは発刊しても大丈夫なものになったのでは、と思えるようになりました。あとは、読者のみなさんの判断を仰ぐのみです。

もう一つ、本レーベルへの並々ならぬ思いは本書で書いたとおりですが、このレーベルの可能性を知るためにも、一度、自身が著者のほうに立ってみる必要があるのでは？　そう感じたのも理由としてあります。

「ちいさいミシマ社」でできることは何か？　著者が自分だからできる実験をいくつかしたい。そういう流れのなか、「文庫サイズがいいのでは」と寄藤文平さんに助言いただき、実際に採用することにしました。また、本のかたちになった暁《あかつき》には読者の方々への届け方も、工夫していきたいと思います。そうして実験してわかったことたちを、これからの本レーベルの充実に必ずや生かしていきます。

最後になりますが、（校正のたび真っ赤になるゲラを、むしろ喜ぶように）編集してくれた野崎敬乃さんはじめ、ミシマ社メンバーのみなさんに感謝したいです。また、拙著にすばらしい装いを与えてくださった寄藤文平さん、文平銀座の皆さまには、御礼のことばが見つかりません。本当にありがとうございました。

長年にわたり「おもしろい」をともにしてくださっている書店、印刷所はじめ関係会社の皆さま、著者、デザイナーの方々、本書の大半を伴走してくれたミシマ社サポーターの皆さまにも、あらためて心から感謝いたします。いつも、ありがとうございます。

二〇二三年四月三日

三島邦弘

三島邦弘　みしま・くにひろ

1975年、京都生まれ。出版社2社で単行本の編集を経験したのち、2006年10月に単身、株式会社ミシマ社を設立。「ちいさな総合出版社」を標榜し、ジャンルを問わず一冊入魂の本を刊行している。現在は、東京・自由が丘と京都市の2拠点で活動。2019年には新レーベル「ちいさいミシマ社」を始動。著書に『計画と無計画のあいだ』『パルプ・ノンフィクション』（以上、河出書房新社）、『失われた感覚を求めて』（朝日新聞出版）がある。2021年10月より書店と出版社をつなぐ「一冊！取引所」の代表も務める。

ここだけのごあいさつ

2023年5月16日　初版第1刷発行

著者　三島邦弘

発行所　ちいさいミシマ社

〒602-0861　京都市上京区新烏丸頭町164-3

電話　075-746-3438／FAX　075-746-3439

e-mail　hatena@mishimasha.com

URL　http://www.mishimasha.com/

振替　00160-1-372976

装丁　寄藤文平（文平銀座）

印刷・製本　シナノ書籍印刷株式会社

組版　有限会社エヴリ・シンク

　ISBN 978-4-909394-85-9